Le LIVRE de POCHE

JEUNESSE

Alberto Manzi

Alberto Manzi, né à Rome en 1924, s'intéresse avant tout à la jeunesse et à l'enseignement. Il est instituteur dans un pénitencier quand il invente pour ses élèves l'histoire du castor Grogh. Plus tard, la création d'un journal pour enfants le mène en Amérique du Sud, où il étudie les conditions de vie des Indiens et fait sa première expérience d'alphabétisation. Les récits et témoignages que lui inspirent ses voyages et son intérêt pour les problèmes du tiers monde sont largement traduits dans les pays étrangers.

LE CASTOR GROGH
ET SA TRIBU

ALBERTO MANZI

LE CASTOR GROGH ET SA TRIBU

Adaptation de Charles Vildrac
et Suzanne Rochat

Illustrations :
Jean-Pierre Évrard

Éditions G.P.

Introduction

Dans tous les pays il existe des établissements où l'on envoie les enfants qui ont volé, qui se sont sauvés de chez eux ou qui ont commis quelque autre faute grave. Là, on s'efforce d'améliorer leur nature et de leur donner envie de faire autre chose que des sottises.

A Rome, il y a une de ces maisons pour petits malfaiteurs : c'est le pénitencier Aristide-Gabelli. Vous savez bien que le plus mauvais des garçons n'est pas mauvais à tous les instants; il arrive même qu'il n'ait été vraiment terrible qu'une ou deux fois, par accident, ou poussé par la misère et l'abandon. Aussi ce n'est pas parce qu'on le met dans un pénitencier qu'il y est toujours en pénitence. Il va en classe, en récréation, à la promenade.

Au pénitencier Aristide-Gabelli, de Rome, il y avait en 1947 un jeune instituteur qui était très bon pour ses élèves. Un jour qu'il leur avait promis une histoire, il leur raconta celle du castor Grogh. Ce fut une histoire assez courte, mais, comme elle plut aux enfants, leur maître, Alberto Manzi, l'allongea de jour en jour. Et puis, l'année scolaire terminée, il ne pensa plus à Grogh.

Or, en 1949, Alberto Manzi lut par hasard, dans une revue scolaire, qu'un grand concours était ouvert pour le prix Collodi, attribué au meilleur livre italien pour la jeunesse. Il n'y attacha d'abord aucune importance, puis, à la réflexion, il pensa concourir et écrivit d'une traite l'histoire de Grogh et de sa tribu. Sans se faire trop d'illusions sur le résultat, il envoya son ouvrage au jury du concours, composé des meilleurs écrivains italiens.

Il y eut deux cent quarante et un concurrents, et le prix fut décerné à Grogh, *d'Alberto Manzi, à* Grogh *qui était né parmi les enfants d'un pénitencier de Rome.*

Aussitôt qu'imprimé, le livre eut un succès qui, depuis, n'a cessé de grandir. La plupart des enfants italiens connaissent aujourd'hui Grogh et ses compagnons.

Nous avons voulu que vous les connaissiez aussi, jeunes lecteurs de chez nous, certains que vous les aimerez, que vous serez pleins de sympathie, d'admiration et aussi de compassion pour le petit peuple des castors qui vit libre, heureux, confiant, quand l'homme ne s'acharne pas à le détruire.

Vous n'avez certainement jamais vu de castors et, puisque dans ce livre vous allez vivre leurs aventures, partager leurs joies, leurs dangers, leur détresse, il n'est pas inutile que nous vous donnions sur eux quelques informations que ne peut contenir ce récit, pourtant si riche d'observations minutieuses et de poésie.

Par exemple, vous vous demanderez de quelle taille est un castor adulte. Eh bien, du museau à la pointe de la queue, il mesure d'un mètre à un mètre trente, et sa queue, large, plate et puissante autant qu'agile, n'est pas très longue. Elle est revêtue d'écailles qui la protègent et la durcissent, car elle est vouée à de nombreux usages : tour à tour elle sert au castor de rame et de gouvernail, de battoir, de maillet, de truelle ou d'appui sur le sol.

Le castor peut vivre vingt ans, mais, hélas ! il est souvent victime des animaux carnassiers et surtout des chasseurs qui le recherchent pour sa fourrure, faite d'un duvet très fin recouvert de longs poils brillants.

Au Moyen Age il y avait certainement des castors en France, où on les appelait des bièvres *; ce mot avait fini par désigner toutes les fourrures. On disait : un bonnet de bièvre, un mantelet de bièvre. La rivière la Bièvre fut peut-être ainsi appelée parce qu'on préparait dans ses eaux les fourrures et les peaux, ou parce qu'elle était fourrée de buissons, ou, qui sait, parce qu'elle avait été peuplée de castors.*

Exterminés par les chasseurs, les gentils castors ont disparu de l'Europe. Ils ont fait ce que Grogh, à la fin de ce livre, conseille à ses derniers compagnons : ils ont renoncé à leur existence villageoise et se sont dispersés. Chacun d'eux est allé habiter un terrier débouchant sous l'eau d'un fleuve ou d'une rivière. Quelques couples solitaires subsistent encore ainsi, dit-on, dans les îles du Rhône et en Camargue.

Mais les colonies de castors demeurent prospères dans plusieurs régions de l'hémisphère nord, notamment en Sibérie et en Amérique, où elles continuent de construire leurs huttes sur pilotis, leurs barrages et leurs digues.

Il existe au Canada des réserves, *vastes domaines forestiers et fluviaux, où les animaux peuvent vivre à leur guise et sans redouter les engins de mort. Dans ces réserves, les castors ne craignent pas l'homme et ne le considèrent plus comme leur pire ennemi. Il peut, sans les effrayer, observer leurs mœurs et l'ingéniosité prodigieuse de leurs travaux.*

Le tragique destin de Grogh et des siens, derniers castors d'Europe, est celui de tous les êtres inoffensifs, bêtes ou gens, massacrés et décimés par la barbarie, victimes de cette folie de destruction et de cruauté dont nous n'avons que trop d'exemples.

Nous dédions particulièrement cette adaptation du beau livre d'Alberto Manzi à tous les jeunes garçons qui s'affublent de revolvers ou de fusils et qui, guerriers ou gangsters en herbe, se plaisent à imaginer qu'ils tuent non pas des castors, mais d'autres garçons, leurs semblables.

Charles Vildrac et Suzanne Rochat.

Chapitre 1

Le nouveau village

Du sommet qu'il venait d'atteindre, Grogh le castor se dressa au-dessus des hautes touffes d'herbe et, pour sa joie, la belle vallée lui apparut ; il en montait mille parfums. Grogh écoutait, ravi, le bruissement léger des feuillages et les gazouillis de tout un petit peuple ailé. Au loin, entre d'épais massifs d'arbres, il voyait, par échappées, se glisser le fleuve, comme un ruban d'argent.

Il arrêta son regard attentif ici et là, scrutant les alentours, puis il se mit à descendre le versant de la colline et, derrière lui, toute la tribu des castors se mit en marche.

Un froissement de branches le fit s'arrêter. Immobile, il attendit que le bruit se répétât ; mais alors le vent lui apporta l'odeur de celui qui l'avait inquiété.

« C'est Lugh l'écureuil », murmura-t-il en avançant de nouveau sur un terrain qui maintenant s'inclinait en pente douce.

Après des jours et des jours de marche sur le sol aride et rocailleux des monts, quelle joie de cheminer sur la terre moelleuse d'un sous-bois ! La végétation était luxuriante. Entre les arbres et dans l'épaisseur des buissons, les animaux avaient tracé des pistes. Grogh en choisit une et s'y élança. Il entendait le bruit de l'eau tout proche et cette musique l'emplissait d'allégresse.

Mais il dut encore s'arrêter brusquement et immobiliser ses compagnons dont aucun n'avait perçu le danger : un louveteau passait si rapide et si léger qu'il semblait à peine toucher le sol. Grogh savait que le loup ne l'avait ni flairé ni entendu, car le vent soufflait contre lui. Le castor avisé le vit en effet traverser le sentier et disparaître dans le fourré.

Trois heures durant, la tribu chemina dans les bois, au milieu des fougères qui s'inclinaient sur son passage; parmi les traînes de ronces aux épines crochues ; sur les profonds tapis de feuilles mortes, entre les troncs noueux vêtus de lierre et de mousse, ou dans les fourrés profonds. Enfin Grogh, le premier, vit le fleuve ! Peu s'en fallut qu'un cri ne lui échappât. Mais il demeura muet

d'émotion, sans bien savoir pourquoi sa gorge était serrée. Ses compagnons voyaient aussi et l'entouraient.

« Grogh, murmura l'un des plus vieux castors, Grogh, le fleuve ! »

Et il y avait dans sa voix un accent indéfinissable fait à la fois de regret et d'espérance.

« Je le vois, Krapp, et tu sais à quoi je pense. »

Ils se turent ; un des jeunes de la tribu ne put retenir une larme.

« Kriff, commanda Grogh, descends dans le fleuve et reviens nous dire quelque chose. »

Kriff plongea et disparut. Maintenant le gros de la troupe arrivait. Il y avait environ trois cents castors formant une longue colonne gardée en queue et sur les flancs par les mâles les plus forts.

Les derniers arrivés se bousculaient, poussaient les premiers, tentaient de rompre les rangs afin de se jeter dans le fleuve. Mais ils furent grondés et repoussés.

« Écoute, Krapp, dit Grogh, laisse les vieux garder la colonne et envoie-moi les jeunes. Que personne ne bouge avant que nous sachions où aller. »

Quelques instants plus tard, la tribu avait l'aspect d'un régiment au repos, flanqué de sentinelles vigilantes. Une cinquantaine de jeunes se pressaient autour de Grogh.

« Formons deux équipes, ordonna-t-il. L'une, avec Krapp, descendra le courant ; l'autre, avec moi, le remontera. Celui qui trouvera l'emplacement rêvé appellera les autres. En avant ! »

Il se jeta le premier à la nage. La tête bien droite, ses petites oreilles pointues épiant les moindres bruits, il avançait, rapide, à contre-courant. Sa queue, longue de trente centimètres, élargie en forme de spatule et tendue, lui servait de gouvernail. Ses pattes postérieures palmées taillaient l'eau comme des rames.

Grogh n'était pas beau. Dans sa tribu, il y avait des castors plus élégants que lui. Ses formes étaient particulièrement trapues ; sa grosse tête, trouée par de tout petits yeux et par une bouche dont la lèvre supérieure, fendue, laissait passer deux grosses incisives, n'avait pas l'expression de douceur commune à celle des autres castors. Même la fourrure, souple et brillante chez ses compagnons, était, chez lui, toute hérissée, déteinte, au point de paraître sale. Mais peu lui importait. Il était fort. Ses pattes de devant, aux doigts agiles comme ceux d'un singe, étaient d'une vigueur exceptionnelle.

A la nage, il était invincible. Lifs la couleuvre, et Sipp le brochet, eux-mêmes, avaient été battus par lui.

Mais c'était surtout en intelligence qu'il dépassait les autres.

Dès sa prime jeunesse, il avait maintes fois tenu tête aux anciens et toujours réussi à éviter les effets de leur colère.

Maintenant, bien qu'il n'eût que deux ans, il était chef de sa tribu, ce qui le remplissait d'orgueil.

Les castors n'ont jamais un chef reconnu, mais lorsque leur salut est en jeu, alors seulement ils se mettent sous les ordres et se fient à l'expérience d'un ou de plusieurs anciens.

Dans la tribu de Grogh, les anciens lui avaient passé le commandement. Il le méritait bien : lorsque, une semaine auparavant, l'homme avait tenté d'assaillir la colonie, c'était lui qui l'avait sauvée à force d'astuce et avait organisé sa fuite.

Après avoir conduit les siens sur les monts durant deux semaines, en leur imposant de dures fatigues, il les amenait sur un nouveau fleuve pour construire un nouveau village. Au cours d'escalades épuisantes, ils s'étaient souvent rebellés contre ses ordres, mais à force d'exhortations, de menaces, accompagnées parfois d'un bon coup d'incisives, il les avait contraints au maximum d'efforts.

Grogh observait les rives, cherchait l'endroit propice au campement. Ses compagnons le suivaient en silence.

Le fleuve avait trente mètres de largeur et son courant était rapide. Ses bords étaient garnis de buissons, qu'interrompaient çà et là des bouquets d'arbres dont certains s'inclinaient si fortement sur l'eau que leurs branches y trempaient, frémissantes. On percevait, à quelque distance, un bruit sourd et continu : celui d'une cascade.

Soudain, Grogh sentit l'eau frémir. Il s'arrêta aussitôt et ses compagnons l'imitèrent. Quatre fois encore l'eau vibra.

« C'est Kriff, dit Grogh, c'est le signal de Kriff », et, faisant volte-face, il s'élança vers l'endroit d'où les vibrations étaient parties.

Le fleuve coulait maintenant entre des rangées d'arbres bien serrés, dont les hautes ramures entrelacées formaient une voûte merveilleuse, tandis que des lianes ondulaient sur l'eau, en des réseaux inextricables.

Grogh jouissait de ce spectacle enchanteur.

Mais le fleuve lui réservait une autre surprise. Tout en bruissant entre des rochers blancs, il obliquait soudain en un coude étroit pour aller s'élargissant sur une centaine de mètres et former un lac circulaire bordé d'une végétation exubérante. Au beau milieu de ce lac, Kriff battait l'eau avec sa queue. C'était ainsi qu'il provoquait les vibrations sonores que l'eau avait si rapidement transmises.

« Kriff ! » appela Grogh.

Mais le grondement de la cascade était devenu tel qu'il empêcha Kriff d'entendre.

Alors Grogh frappa le fleuve d'un coup de queue et Kriff se retourna sur-le-champ, prêt à plonger. Mais il aperçut ses compagnons et nagea rapidement vers eux.

« Grogh, dit-il, dès qu'il put se faire entendre, quel endroit magnifique ! Sur les rives, il y a des aulnes et je crois que nous parviendrons à trouver aussi des trembles. »

Au seul nom de ces deux arbres, de ces deux friandises, il se lécha les babines. Les compagnons de Grogh dilatèrent leurs narines et, décelant l'odeur des aulnes, ils poussèrent des cris de joie.

« Kriff, commanda Grogh, va mettre la colonne en marche. Fais remonter en tête les femelles et les petits. Toi, tu te tiendras en queue, avec les mâles. Et préviens Krapp aussi... »

Il dut crier les dernières paroles, car Kriff était déjà loin.

La troupe des jeunes castors se répandit autour du lac pour en explorer les rives.

Non loin de la cascade, leur courbe s'incurvait en une anse profonde, à peu près circulaire elle aussi ; un petit promontoire en réduisait l'entrée. C'était l'endroit rêvé pour un village de castors et Grogh le choisit aussitôt.

Mais bientôt les premières formations de la tribu, guidées par un ancien, firent leur entrée dans le vaste bassin.

Quand la tribu s'y trouva au complet, Grogh donna le signal du rassemblement en frappant l'eau trois fois, et tous les castors formèrent le cercle autour de lui.

« Nous avons atteint un nouveau fleuve, dit-il ; c'est ici, dans cette anse, que nous allons construire notre village. Qu'aucun de vous n'aille flâner en curieux. Jusqu'à ce que nous soyons en sûreté, nous devons travailler avec ardeur. En avant ! »

Il se dirigea vers la berge et les castors le suivirent en formant de petites équipes. Chacune d'elles savait déjà ce qu'elle aurait à faire.

Grogh gagna l'entrée de la baie et constata qu'elle n'avait guère que vingt mètres de largeur. Il inspecta les arbres sur les rives, non sans quelque perplexité.

« Hé ! Grogh ! lui cria quelqu'un, je crois qu'il y a là ce qu'il nous faut. »

Il s'agissait d'un sapin d'une vingtaine de mètres de hauteur et d'une grosseur telle qu'un homme l'eût difficilement entouré de ses bras. Il se dressait bien droit sur le bord de la passe.

« Oui, parfait », murmura Grogh après l'avoir examiné un long moment, et il ordonna gaiement : « Allons-y ! »

De leurs puissantes incisives, une dizaine de mâles attaquèrent la base du sapin. Çà et là, entre les buissons, l'on apercevait des équipes de castors occupés à scier de grosses branches ou des arbustes tandis que d'autres s'employaient à les émonder pour en faire des piquets lisses et pointus.

Tout le monde travaillait, grands et petits, femelles et vieux. On savait que seulement après l'ouvrage achevé l'on pourrait jouir du repos dans la sécurité.

Pendant des heures et des heures, les incisives scièrent, scièrent. Avec la sève résineuse, la vie quittait le grand arbre par toutes les blessures que les castors lui infligeaient. Et les incisives le pénétraient toujours plus profondément.

Enfin Grogh poussa un cri prolongé. Tout le monde suspendit le travail tandis que ceux qui avaient scié l'arbre s'en éloignaient vivement. Le

grand sapin lentement vacilla, sembla tituber, puis, dans un craquement atroce, il s'abattit comme un pont jeté d'une rive à l'autre.

Le groupe qui l'avait abattu monta sur lui pour achever de l'ébrancher. Grogh travaillait comme les autres. Il avait plongé pour creuser des trous au fond de l'eau tandis que Kriff, à plat ventre sur le tronc d'arbre, s'aidant de la bouche et des pattes, lui tendait verticalement les piquets qu'il enfonçait dans les trous.

Bref, il y eut bientôt tout le long du tronc des pieux qui partaient du fond et s'élevaient parfois à deux mètres au-dessus de l'eau ; ils étaient reliés entre eux par un réseau de souples branches. La première partie de l'ouvrage était accomplie. Alors tous les castors occupèrent la berge pour y pétrir la terre molle avec leurs pattes et la battre ensuite avec leur queue. Puis, transportant cette sorte de mortier dans leur bouche et entre leurs pattes de devant, ils allèrent en garnir et en maçonner ce qui devenait une digue, en obstruer les moindres trous.

Quand l'œuvre grandiose fut achevée, Grogh la considéra, satisfait ; la digue allait d'une rive à l'autre, large à sa base de trois ou quatre mètres. Elle se rétrécissait en montant jusqu'à ne plus mesurer qu'un mètre à peine.

De son faîte, Grogh plongea d'un bond dans le fleuve.

« Maintenant, proclama-t-il en atteignant le milieu du lac, la digue est construite, nous sommes à l'abri de la crue. »

La tribu l'écoutait en silence.

« Grogh, déclara Turk, le plus ancien des castors, Grogh, merci de nous avoir sauvés tous ! »

Grogh demeura un instant silencieux puis répondit, visiblement ému :

« Je sais ce qu'un tel remerciement signifie : le danger qui vous a groupés sous le commandement d'un chef est écarté. La tribu n'a plus besoin d'être guidée. C'est juste. Vous êtes libres. Grogh n'est plus votre chef. Que chacun construise sa propre maison et vive à sa guise pour le bien de la tribu. »

Comme si ces paroles avaient été un dernier ordre, les castors se répartirent en petits groupes dont les plus nombreux comptaient huit individus.

« Grogh, demanda Kriff, puis-je aller avec toi ? »

Kriff était fort, intelligent et il plaisait à Grogh, qui, simplement, répondit :

« Oui. »

Krapp se joignit à eux. Il n'avait rien dit, mais Grogh se retournant le trouva derrière lui. Il comprit et s'écria, joyeux :

« Viens ! »

Il n'avait jamais osé espérer que le vieux, le sage Krapp le choisît pour compagnon.

Tous trois s'enfoncèrent dans le fourré pour grimper aux arbres et y choisir des branches robustes. Ils les scièrent et, quand elles furent toutes dépouillées, ils les traînèrent jusqu'à l'eau et les y poussèrent. Alors ils commencèrent à établir les pilotis de leur cabane. Tandis que deux castors creusaient des trous dans le lit du fleuve, un troisième leur tendait alternativement les pieux. Quand l'échafaudage fut dressé en un cercle de trois mètres de diamètre, ils y tressèrent des branchages serrés, à la façon des paniers d'osier ou de coudrier ; puis ils l'emplirent de terre bien battue. Enfin ils dressèrent murs et cloisons de branches en les revêtant d'un mortier de sable et de terre qu'ils appliquaient avec leur queue.

Ils mirent deux jours à édifier leur demeure. Mais elle était si solide qu'aucun vent ne pouvait l'abattre et si bien maçonnée que la moindre goutte de pluie n'y pouvait pénétrer.

Ils l'avaient faite à deux étages qui communiquaient au moyen de quelques marches intérieures.

Le premier étage devait servir de magasin à vivres et s'ouvrait sur le fleuve. L'étage supérieur était destiné au logis. La toiture, en forme de coupole, était recouverte d'une épaisse couche d'herbe, ce qui la rendait plus imperméable.

Pendant plusieurs jours, ce fut, le long de l'anse, un va-et-vient constant, une activité fébrile. Puis se reflétèrent sur l'eau des dizaines de petites maisons dont la plupart avaient trois étages.

Maintenant la tribu pouvait respirer. L'essentiel du travail était achevé. La digue défendrait les castors contre les crues du fleuve et les maisons sur l'eau étaient inaccessibles aux bêtes sauvages.

Alors chacun put s'adonner à une occupation nouvelle et plus agréable, coupée de jeux et de baignades, de bavardages et de siestes : la recherche des vivres. On allait faire provision d'écorces et de tendres branchettes que l'on entassait dans les magasins.

Il fallait tout de même se hâter d'assurer les réserves alimentaires, car la saison morte, l'hiver, était toute proche, escortée de Kataï le gel.

Quand la première neige tomba, il s'en fallut de bien peu que Kriff mourût. Il était parti seul, à l'aube, en remontant le courant au-delà de la digue, à la recherche des trembles dont il était si friand. Il en avait trouvé et il s'apprêtait à en faire une ample provision quand un bruit suspect l'alerta, tandis que son odorat l'avertissait que Hug le loup n'était pas loin. Il tenta de rejoindre le fleuve, mais Hug lui barra la route. Il se ramassa sur lui-même, bien décidé à défendre sa vie de son mieux, puis, rampant tout doucement, tout doucement, il tenta d'atteindre l'eau.

Hug n'était pas pressé. Il attendait le moment opportun pour saisir le castor à la gorge.

Les feuilles, ces éternelles bavardes, cessèrent de chuchoter pour regarder, curieuses. Rien ne bougeait.

Et puis, tout se passa en un clin d'œil. Un grognement, un bond et Kriff se trouva pris dans les mâchoires du loup sans pouvoir tenter de se dégager. Il sentait la vie l'abandonner peu à peu tandis que Hug, sans lâcher prise, cherchait avec ses crocs la grande veine du cou. Il semblait au pauvre castor que toute la forêt hurlait, se teignait de rouge et que mille et mille points phosphorescents dansaient sur les arbres, sur les buissons, sur les feuilles.

Il comprit que l'eau seule pourrait le sauver. Dans un effort désespéré, il se redressa, et, par petits bonds, il atteignit le bord de la berge, entraînant son ennemi.

Le fleuve se referma sur eux en gargouillant.

Kriff resta longtemps sous l'eau, jusqu'à ce qu'il sentît la prise de Hug se relâcher puis qu'il le vît sortir de l'eau et s'enfoncer dans le bois en grinçant des dents après s'être vigoureusement secoué.

Alors, avec le peu de forces qui lui restait, il frappa l'eau de sa queue et s'abandonna au courant.

Les premiers flocons se mirent à tomber.

Chapitre 2

La Saison d'Or de Grogh

L'hiver tirait à sa fin. La forêt retentissait encore, la nuit, des hurlements des loups et autres carnivores à la recherche d'une proie. Ils s'étaient souvent arrêtés sur la rive du fleuve, devant la colonie des castors, avec l'espoir de voir arriver l'un d'eux à la nage. Mais ils avaient dû s'en aller, tenaillés par la faim et grognant de déception.

Cependant une rumeur nouvelle emplissait les bois : la sève grimpait dans les plantes pour les réveiller. Son travail était lent mais continu. Si bien que les premiers bourgeons apparurent tandis que fondait doucement la neige. Et chaque jour la voix du fleuve se faisait plus forte.

Grogh sortit de sa cabane. Il vit sur le fleuve les mamans qui enseignaient à leurs petits les nages les plus rapides et les emmenaient à la recherche des aliments.

Les mâles étaient presque tous partis ; descendant le courant, ils vagabondaient pendant des lieues, s'arrêtant çà et là sur les berges pour se régaler de pousses nouvelles.

Ils ne rentraient chez eux qu'au commencement de l'automne, juste un peu avant la saison morte. S'ils y étaient restés, les provisions de feuillages accumulées dans les magasins n'auraient pas suffi à nourrir toute la maisonnée. Il leur fallait donc quitter la tribu dès la naissance des petits.

Dans le cœur de Grogh le désir de partir était intense. Mais Kriff se remettait à peine. Grogh l'avait trouvé, évanoui, contre la digue et avait bien cru le perdre. Aidé par Krapp, il l'avait transporté dans sa cabane et tous deux l'avaient soigné comme un de leurs petits.

Grogh contemplait donc le fleuve, avec la hantise de la vie errante, lorsque Krapp apparut derrière lui, sur le seuil de leur demeure, et le regarda longuement. Bien qu'il fût son aîné, il lui vouait une sorte de vénération. Grogh sentit peser sur lui le regard de son compagnon et se retourna.

« Les pousses bourgeonnent, dit Krapp.

— Je le sais », soupira Grogh.

Ils se turent, suivant ensemble du regard l'eau qui fuyait, rapide.

« Nous partons demain, Grogh ! »

Grogh sentit le sang battre follement dans ses veines.

« Mais, balbutia-t-il, et Kriff ?

— Kriff dit qu'il est guéri, qu'il est prêt ! Demain, nous partons. »

La lune s'effaçait à regret devant l'aurore lorsque les trois castors plongèrent dans le fleuve. En silence, ils atteignirent la digue, la franchirent et se dirigèrent vers la cascade. Ils déjeunèrent tout près d'elle, puis, engagés dans le bois, ils se mirent à grimper la côte. Il leur fallut quelques heures pour atteindre la gorge d'où s'échappait le fleuve.

Là-bas, au-dessous d'eux, apparaissait le village, qui s'éveillait peu à peu sous les premières caresses du soleil. Au-delà, le fleuve disparaissait dans le plein de la forêt.

Ils nagèrent en remontant le courant.

Le fleuve allait bientôt atteindre toute sa puissance, car la neige fondait et, du sommet des monts, les ruisseaux bruyants accouraient vers lui, de toutes leurs eaux. La digue alors fournirait son plus gros effort.

Mais elle était robuste et le village n'avait rien à redouter du fleuve impétueux.

Pendant plusieurs jours, les trois castors remontèrent le courant. Puis le vieux Krapp s'arrêta sans rien dire. Il avait donné la mesure de ses forces. Grogh et son compagnon poursuivirent leur voyage.

Puis, à son tour, Kriff s'arrêta.

« Grogh, dit-il, je...

— Je sais... je sais... », fit doucement Grogh, et seul il reprit sa course, longeant l'épais fourré qui bordait la rive.

Il s'arrêta lorsque, à la faveur d'une éclaircie, un bouquet de jeunes peupliers lui apparut.

Ainsi commença la vie libre et solitaire de Grogh, celle dont jouissaient tous les castors mâles jusqu'au commencement de l'automne, où ils regagnent leur tribu qui a besoin d'eux, soit pour réparer les dégâts infligés par la crue, soit pour entasser dans les magasins de nouvelles provisions de vivres.

Durant des jours et des jours, Grogh remonta le fleuve à la nage, s'aventurant à terre le temps d'aller s'y régaler de tendres pousses. La nuit, il dormait au bord de l'eau, prêt à y plonger à la moindre alerte.

La Saison d'Or — c'est le nom que les castors donnent à l'été — la Saison d'Or touchait à sa fin. Grogh l'avait passée dans le bien-être et l'abondance. Il se sentait en pleine vigueur et il était fier de lui.

C'est alors qu'il connut El l'élan.

Un jour qu'il se tenait sur la rive et savourait quelques pousses, le vent lui apporta une odeur animale, une odeur inconnue. Il se tapit, prêt à plonger.

Il perçut un bruit d'abord léger mais qui peu à peu augmentait. Alors, il vit une bête qui ressemblait à Vel le cheval, mais portait deux

grandes cornes, et qui se dirigeait vers le fleuve, d'un trot lent et pénible.

Grogh, intrigué, considérait l'inconnu. Mais ce qui surtout attira son attention, ce fut, sur le flanc de ce cheval cornu, une entaille profonde et d'où le sang coulait en abondance. L'animal allait atteindre le fleuve lorsqu'il s'écroula sur le sol.

Grogh ne savait que faire. Ce cheval étrange et qu'il n'avait jamais vu pouvait être un ennemi. Grogh prit le parti de s'éloigner. Mais le blessé avait dû l'entendre, car il fit un effort désespéré pour se soulever.

Soudain Grogh comprit : le vent lui apportait une nouvelle odeur et un autre bruit lointain, qu'il connaissait pour l'avoir entendu l'année précédente, lorsque la tribu avait évité la destruction grâce à lui.

« L'homme ! » s'exclama-t-il ; et un frémissement parcourut tout son corps.

Grogh n'était pas peureux, mais, par nature, il avait horreur de la chair et du sang. Il ne s'était jamais battu que pour défendre sa vie.

Or, l'homme avait contraint toute sa tribu à fuir en abandonnant son village et il avait causé la mort de Berkel, le père de Grogh.

C'est pourquoi le castor, cessant de fuir, s'approcha de l'animal, qui, le voyant, ouvrit tout grands des yeux doux et apeurés.

« Qui es-tu ? lui demanda Grogh.

— El l'élan ; et toi ?

— Grogh le castor, un ami.

— Fuis alors, car l'homme est lancé à ma poursuite et bientôt il sera ici.

— Mais, dit Grogh, tu dois te sauver aussi !

— Hélas ! je le voudrais, mais je ne peux plus !

— Faut-il donc qu'Il te prenne ? » s'écria Grogh.

Et il sentait la haine l'étouffer en prononçant ce Il.

« C'est trop tard pour moi, gémit El ; je ne peux plus bouger. »

Ce fut alors que Grogh trouva et réalisa ce que le pauvre El n'aurait jamais pu imaginer.

Le castor alla chercher de la vase et l'appliqua sur la blessure béante. Le sang cessa de couler.

« Et maintenant, El, efforce-toi d'atteindre le fleuve. »

Quelques mètres seulement l'en éloignaient, mais l'élan était bien faible. Il parvint quand même à se traîner péniblement et à entrer dans l'eau. Grogh plongea près de lui.

« El, accroche-toi à ma queue, avec tes dents ! »

L'élan obéit et, dans un effort désespéré, le castor l'entraîna au milieu du fleuve.

« Et maintenant laisse-toi aller ; le courant nous portera. »

L'élan lâcha prise et, côte à côte, les deux nouveaux amis descendirent le fleuve.

Quand les arbres commencèrent à se dépouiller de leur feuillage et que le sol fut tapissé de jaune et de roux, Grogh revint au village. Les travaux étaient déjà commencés. Il se joignit aux castors qui réparaient la digue, endommagée quelque peu par les crues printanières.

La veille de son retour, il avait quitté El, aux abords de la cascade.

« Grogh, lui avait dit l'élan, je n'oublierai jamais ce que tu as fait pour moi.

— Je le sais et je ne t'oublierai pas non plus. »

Jusqu'à ce qu'El eût repris toutes ses forces, Grogh lui avait apporté les plus tendres feuillages. Ensuite, ils étaient allés ensemble à la recherche de leur nourriture. El s'était éloigné à travers bois, d'un trot léger. Tout comme Grogh, il allait rejoindre les siens.

Un jour que Grogh faisait provision de vivres, il rencontra Legh, la fille d'un ancien de la tribu. Legh lui dit très gracieusement bonjour en le regardant avec insistance. Grogh s'éloigna, poursuivant sa récolte. Mais, lorsqu'il regagna sa cabane, il trouva Legh sur le seuil.

Il l'observa attentivement et lui demanda :

« Que fais-tu, petite Legh ? Tu m'attendais ?

— Oui, avoua Legh.

— Alors, viens ! »

Et il la fit entrer.

Le lendemain, il transporta dans sa cabane des branchages, de la terre battue et construisit une cloison. Legh l'aidait. Et, à partir de ce jour-là, Grogh vécut avec Legh et ne dormit plus avec ses compagnons. Eux aussi se mirent en ménage et construisirent d'autres cloisons. Les trois castors intensifièrent la recherche de vivres. Legh et les autres femelles les attendaient et, le soir, chacun de ces couples se retirait dans sa chambrette.

Au cours de l'hiver, l'alarme fut donnée plusieurs fois, mais aucun événement sérieux ne troubla pourtant la paix de la colonie.

A la fin de janvier, l'on entendit dans les demeures les petits cris des nouveau-nés et quelques semaines plus tard les trois amis quittèrent leur cabane pour descendre le fleuve avec les autres mâles, tandis que les petits les saluaient en battant l'eau avec leur queue et que les femelles souhaitaient bonne saison aux voyageurs.

Chapitre 3

Tarlai le feu

Depuis que la tribu s'était établie dans l'anse du fleuve, près de la cascade, la troisième Saison d'Or allait commencer.

Le village comptait trois cents habitants, lors de sa fondation à cet endroit. Il en avait maintenant cinq cents. Et les jeunes le quitteraient à l'automne pour aller fonder une colonie nouvelle.

Grogh remontait le courant. Il avait dépassé la cascade et se rendait vers le lieu où El, naguère, s'était écroulé, blessé.

L'élan venait retrouver Grogh chaque année. Il lui donnait les nouvelles de la forêt, tandis que tous deux nageaient pendant des heures :

« Lugh l'écureuil a cinq petits. Hug le loup s'est séparé de son clan. Quatre chevaux sauvages du troupeau de Vel ont été capturés par les hommes. »

Grogh l'écoutait avec intérêt, puis El le quittait, mais revenait quelques semaines après.

Cette fois encore, ils se rencontrèrent.

« Grogh, dit l'élan, comme tu as tardé, cette année ! »

Mais Grogh, au lieu de répondre, le regarda, l'air ahuri : El n'avait plus ses lourdes cornes !

« Qu'as-tu fait de tes bois, El ? demanda-t-il.

— J'ai atteint mon troisième printemps, Grogh. Mes cornes, désormais, tomberont chaque année pour repousser, toujours plus belles. Regarde ! »

Il abaissa la tête.

« Ne vois-tu rien ? Elles sont en train de pousser. Elles apparaîtront à la prochaine lune. Maintenant, viens avec moi ; j'ai du nouveau à te montrer. Viens donc ! »

Ils s'engagèrent sous bois. Dans une petite clairière, huit tout jeunes élans broutaient.

« Ce sont mes petits », dit El en s'approchant d'eux.

Du couvert sortirent quatre femelles, et, tandis qu'elles regardaient le castor avec douceur, elles léchaient le pelage tout neuf de leurs petits.

Grogh s'attarda devant ce charmant spectacle,

puis il salua toute la famille, regagna le fleuve et plongea.

Les bois étaient pleins de vie. Les oiseaux gazouillaient et des milliers de petits êtres bruissaient de toutes parts. Grogh était heureux, mais le fleuve le préoccupait un peu. Il n'avait pas eu de crue et son courant était sans force.

« Bah ! murmura-t-il, cette année, il y a moins d'eau, mais qu'importe ! »

Or, un jour, il vit arriver El, qu'il s'étonnait de n'avoir pas vu plus tôt.

« Grogh, dit l'élan, je t'apporte des nouvelles inquiétantes ; Vel le cheval vient d'abandonner les pâturages du sud ; Hug a quitté le cœur de la forêt et se dirige avec les siens vers le fleuve. Tout le monde fuit dans la même direction. J'ai vu Lugh l'écureuil, et il m'a dit que loin d'ici, aux abords de l'autre fleuve, Tarlai dévore tout.

— Tarlai ? demanda le castor, qui est Tarlai ?

— Comment, s'étonna El, tu ne le connais pas ? Tarlai est une petite chose qui grandit rarement, mais, quand elle grandit, elle devient terrible et détruit tout sur son passage, les arbres, les buissons, et jusqu'à l'herbe.

— Peu importe, nous trouverons toujours de quoi manger.

— Non, Grogh. Là où passe Tarlai, il dévore tout : les oiseaux, Hug, Lew, Liff ; il dévore même Ool le serpent, et Siss la vipère. Il tue El et Grogh.

— Pourquoi nous tuerait-il ? Nous ne lui avons rien fait, et nous ne sommes pas Pel le peuplier, ou Tul le saule.

— Tarlai est vorace comme Kill le chacal : mais Kill se rassasie quelquefois. Tarlai, jamais.

— Qui peut tuer Tarlai ?

— Elka, l'eau.

— Alors nous n'avons pas à craindre Tarlai, puisque nous sommes amis d'Elka et qu'elle nous défendra.

— Grogh, Elka n'est plus descendue depuis le début de la nouvelle saison.

— Je le sais.

— Et le fleuve n'a pas grossi.

— Je le constate chaque jour, El.

— Maintenant, sur la terre, tout est sec et la sécheresse est amie de Tarlai. Il viendra jusqu'ici.

— Le fleuve l'arrêtera.

— Oui, mais tu n'auras plus rien à manger ; Pel le peuplier, Tul le saule, Ghil l'aulne, et toutes les plantes mourront.

— Mais où se trouve donc ce Tarlai et pourquoi ne pas l'attaquer ?

— Tarlai est rouge. Il brille, il flamboie et, si tu l'approches, il te brûle. Tous le fuient. Regarde ces arbres, au bord de l'eau : leurs branches sont chargées d'oiseaux. Tiens : voilà Lugh, voilà Fraez, ils se rapprochent du fleuve. »

Évidemment, une grande menace était dans l'air.

On percevait déjà, venant de loin, un ronflement sourd et profond et, plus distinctement, le bruit des animaux en fuite.

Vers le soir, Vel le cheval atteignit la rive opposée du fleuve. Il était essoufflé, mouillé de sueur et l'écume pendait de sa bouche. Il s'approcha de l'eau et but avidement. El, par-dessus l'eau, le héla.

« Vel, que se passe-t-il ? »

Surpris de s'entendre appeler, le cheval eut un sursaut, mais il se ressaisit en voyant l'élan et lui cria :

« Fuis, tandis qu'il en est temps encore ! Tarlai s'avance !

— Où est-il maintenant ?

— Il remonte la cascade, sur les deux rives du fleuve. Demain, ou cette nuit même, il sera ici.

— La cascade ? s'exclama Grogh, mais ne m'as-tu pas dit qu'Elka peut vaincre Tarlai ?

— Tarlai ne va pas sur Elka et l'eau ne va pas sur Tarlai, répondit le cheval ; ils ont dû passer ensemble un accord. Le malheur, c'est qu'auparavant Elka n'a pas mouillé lcs prairies et les bois ; quelqu'un a donné vie à Tarlai et Tarlai dévore tout ce qui n'est pas mouillé. Hug et son clan me précèdent de deux jours. Mough le buffle passera d'un moment à l'autre ; et jusqu'à Cervihug le lynx, qui fuit ! Mais Tarlai est rapide, et il y a Laff le vent, qui l'aide.

— Grogh, déclara l'élan, je vais avec Vel. »

El et le cheval s'élancèrent vers le nord. Grogh médita un instant. Puisque Tarlai n'allait pas sur Elka, lui, Grogh, était sauvé. Mais le village, qui émergeait sur l'eau et communiquait avec la rive,

pouvait se trouver en danger. A cette pensée, il descendit le fleuve à la nage, plus rapidement que le courant paresseux.

A l'aube et pour la première fois, il connut Tarlai : une épaisse et noire fumée surprit ses narines et lui brûla les yeux tandis qu'il avançait. Il suffoquait, envahi d'une insupportable chaleur, et percevait au loin les gémissements des plantes et le crépitement continu de la forêt.

« C'est Tarlai qui dévore », murmura-t-il.

Bien avant la cascade, il sentit sur l'eau une vibration bien connue. Il s'arrêta pour écouter : ...deux, trois, quatre coups.

« Kriff ! » s'exclama-t-il.

Et il battit la réponse. Quelques instants plus tard son ami le rejoignait.

« Quel bonheur de te retrouver sain et sauf ! dit Kriff en poussant un soupir de soulagement.

— Que se passe-t-il au village ? demanda Grogh.

— Tous ont fui. Ils ont suivi le courant afin de se réfugier là où Tarlai a déjà passé. Mais, hélas ! il a dévoré beaucoup de nos cabanes et de leurs habitants.

— Mais Tarlai ne va pas sur le fleuve, dit Grogh.

— Tarlai lui-même, non, mais Largh, sa fumée, et Stri, sa chaleur, y vont. Regarde-moi donc, Grogh. »

Grogh vit alors que le beau manteau soyeux qui faisait la fierté de Kriff était roussi, brûlé par endroits.

« C'est l'œuvre de Stri, soupira Kriff.

— Il ne faut pas descendre le fleuve, proposa Grogh. Remontons-le jusqu'à ce que Tarlai meure. »

Ils dépassèrent l'endroit où Grogh avait séjourné quelque temps avant le désastre et ils poursuivirent leur course bien au-delà, sans jamais rencontrer un animal. Six jours durant, ils fuirent devant le feu. A la fin du sixième jour, Grogh s'écria :

« Kriff, regarde ! Janki le nuage !

— Enfin ! Elka ne peut supporter Tarlai davantage et va le combattre. »

Un nuage mince avançait à l'horizon, rapide et léger. Il précédait une masse noire, compacte, prête à fondre.

« Tarlai doit être assez loin derrière nous, dit Kriff, arrêtons-nous. »

Ils trouvèrent quelques racines à ronger. Un souffle ténu courait sous les arbres. La forêt frémissait dans l'attente de l'eau.

« La voilà ! » s'écrièrent ensemble les deux castors.

Mais leur voix fut étouffée par une sourde détonation.

Trois, quatre fois, Janki l'orage gronda,

souffla, foudroya le sol de ses regards de feu, puis se tut.

Tout devint inerte et silencieux. On entendit seulement, au loin, Tarlai le dévorateur.

Puis, avec un profond rugissement, Janki attaqua, sans avant-garde, faisant donner toute sa masse.

La pluie tomba, torrentielle. Si proches qu'ils fussent l'un de l'autre, les deux castors ne se voyaient plus. En un instant l'eau détrempa la terre et des milliers de ruisselets se mirent à serpenter entre les troncs, à s'insinuer sous les fourrés, les uns fuyant dans le bois, les autres courant au fleuve.

Non loin, le combat contre Tarlai faisait rage. L'eau attaquait par en haut, mais le feu se défendait dans des positions inexpugnables : il ronflait, rageur, dans certains troncs d'arbres évidés par la vieillesse et menaçait les arbres voisins de ses langues voraces ; ou bien il rampait sous les buissons, au ras du sol, pour atteindre de nouvelles proies. Mais il rencontrait souvent les petits ruisseaux qui s'infiltraient dans les endroits les plus inaccessibles à la pluie, et la lutte continuait sans merci, dans un vacarme assourdissant qui dominait les voix de toutes les bêtes.

Tarlai, qui perdait peu à peu ses positions, crépitait de colère. Elka bouillonnait dans une juste soif de vengeance.

Tel était l'aspect de la lutte en première ligne. A l'arrière, il était plus terrifiant encore. Là, Tarlai régnait encore en maître et Janki entendait le terrasser. Le feu, aidé par le vent, s'efforçait de repousser les nuages, mais ceux-ci recevaient des renforts et tenaient bon. Il entreprit de les suffoquer en se servant de Largh, sa fidèle fumée. Il se dissimulait derrière elle ou la déplaçait brusquement pour tromper l'adversaire. Mais Janki, roi des nuages, déjouait toutes les manœuvres et tenait bon.

La bataille dura deux jours, avec, de part et d'autre, des alternances de succès et de revers. Enfin, Janki fut pleinement victorieux.

Il déversa ses dernières réserves sur Tarlai expirant, puis disparut, porté par une brise légère, tandis que du fleuve et de la forêt s'élevait le chant de joie et de reconnaissance que tous les animaux entonnaient pour lui :

Janki le grand a vaincu Tarlai,
Gloire à Janki, gloire à Janki !

Chapitre 4

La tribu sinistrée

Les deux castors descendirent le fleuve.

Sur les lieux épargnés miraculeusement par Tarlai, la vie reprenait son courant normal. Mais où le fléau avait passé, tout n'était que désolation.

Pendant quatre jours, ils ne virent que le sol noirci, sur lequel se dressaient les squelettes carbonisés des géants de la forêt.

Çà et là, Crow le corbeau achevait les restes de quelque animal que le feu n'avait pas dévoré complètement.

Ils arrivèrent à la cascade du cinquième jour et s'avancèrent, angoissés, pour voir de haut le village. Hélas ! le spectacle qui s'offrit alors à leur vue les cloua de stupeur. Devant eux et jusqu'aux montagnes lointaines, plus un seul arbre vivant.

De la luxuriante végétation qui faisait de la vallée un lieu enchanteur, il ne subsistait que des troncs carbonisés, sur un fond gris et désolé.

Seul le fleuve rompait la monotonie de ce désert ; on voyait encore le village et quelques nageurs.

« Allons », dit Grogh.

Et, s'élançant, il se mit à descendre vers la berge.

Le sol était recouvert d'un manteau souple que soulevait la moindre brise. C'était de la cendre.

De la digue, ils ne trouvèrent que des vestiges.

Krapp était dans sa cabane et en abattait les cloisons.

« On ne trouve pas une branche pour réparer la maison », dit-il à ses compagnons.

Son pelage était en piteux état et il boitait.

« Qu'est-il arrivé ici, Krapp ? lui demanda Grogh.

— Tarlai a passé.

— Je sais..., mais la tribu, les nôtres ?

— Legh, ta femelle, n'est plus ! La tienne, Derk, non plus, et la tienne, Kriff, non plus... Tous nos petits ont disparu. »

Il y eut un pesant silence, puis il ajouta :

« Beaucoup des nôtres ont péri.

— Combien ?

— Quatre cents environ. Parmi les survivants, il y a Turk l'ancien, Gheli, Sfaz...

— Combien sont-ils, ceux qui restent ? interrompit Grogh.

— Une centaine.

— Et tous les autres, c'est par Tarlai qu'ils ont été tués ?

— C'est par Tarlai. »

Grogh se mit à la recherche de Turk et le trouva dans les magasins.

« Combien de cabanes détruites, Turk ?

— Cent. Les survivants n'occuperont pas toutes celles qui restent. Hélas ! ils sont trop peu nombreux.

— Les mâles, combien sont-ils ?

— Quarante, jusqu'à présent, mais quelques-uns de ceux qui étaient partis pour leur saison nous rejoindront peut-être encore.

— Turk, je n'ignore pas que l'état de notre pauvre tribu n'est guère favorable aux grands travaux, mais nous n'avons pas le temps d'attendre : la digue n'a plus guère que sa base.

— Je le sais.

— Il faut la reconstruire.

— Je le sais.

— Qu'attend-on ?

— Que Ner la forêt renaisse.

— Mais les gros branchages qui permettaient de relever la digue ne croissent pas en un jour, ni même en une année.

— Évidemment. Mais que faire ? Il nous faut

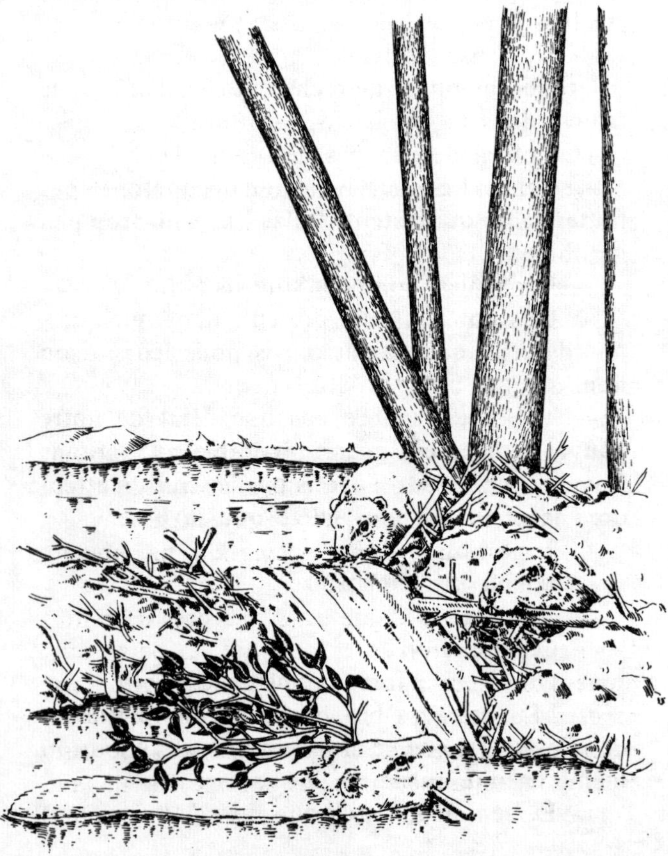

pour le moment renoncer à réparer la digue.

— Nous ne le pouvons pas, Turk, nous ne le devons pas ! Ce serait notre perte. Écoute, Turk, je t'en conjure, il faut que tu rassembles tous les mâles et que nous reconstruisions la digue.

— Avec quoi, Grogh ?

— Avec les pilotis et les branchages des cabanes inhabitées.

— Ah ! tu as peut-être raison, Grogh. Cela ne vaudra pas le bel ouvrage d'avant, mais ce sera tout de même quelque chose. »

Turk battit le signal de ralliement et fut bientôt entouré de tous les mâles.

« Voici Grogh, déclara-t-il, qui a quelque chose à vous dire. »

Et Grogh parla :

« Frères, Tarlai nous a causé les pertes les plus affreuses. Au printemps, ce sera le tour de la crue, qui emportera les femelles et les petits.

— Et pourquoi donc ? demanda naïvement l'un des mâles.

— Parce que la digue est à peu près détruite. Les eaux emporteront et noieront les petits qui doivent naître et, ajouta Grogh avec gravité, s'ils meurent, c'est toute la tribu qui s'éteindra. »

Les castors, silencieux, méditaient ces paroles. Puis ils questionnèrent, tout comme l'avait fait Turk :

« Comment réparer la digue, puisque Tarlai a dévoré tous les arbres ?

— Nous avons des cabanes inhabitées, nous avons les cloisons des nôtres, tout cela peut servir à réparer la digue provisoirement. »

La solution adoptée, le travail commença. Tout le bois récupéré fut affecté à la digue. Trois semaines suffirent à lui rendre son efficacité.

Alors, sur un ton bourru, Turk déclara :

« Nous y sommes ! »

Et la colonie respira.

La saison de l'indépendance, pour les mâles, n'était pas encore achevée ; mais ils restèrent au village. Çà et là, l'herbe avait reverdi, et des pousses avaient surgi du sol encore humide. L'automne approchait et avec lui de nouvelles besognes.

Depuis trois semaines régnait la saison morte. La neige était tombée en abondance et rendait le paysage encore plus morne et nu.

En quelques brassées vigoureuses, Turk atteignit la cabane de Grogh. Krapp était sur le seuil.

« Entre, Turk ! »

Turk trouva Grogh dans son magasin, en train d'inventorier de maigres provisions.

« Qu'y a-t-il ? demanda Grogh.

— Les magasins sont presque vides !

— Et après ?

— A la prochaine lune, nous pâtirons et serons tellement affaiblis que la mort nous emportera.

— Je le sais, Turk.

— Et le fleuve sera gelé.

— Je le sais...

— Les vieux ont décidé d'émigrer.

— Vraiment ! Et quand veulent-ils donc partir ?

— Avant que naisse Taur le soleil ; et ils t'appellent.

— Que me veulent-ils ?

— Que tu conduises la tribu.

— Mais où veulent-ils que je la conduise ?

— Vers le sud.

— Non, Grogh ne conduira pas la tribu vers le sud.

— Pourquoi ?

— Parce qu'au sud il y a Lui, l'homme.

— Mais au nord il y a Kataï le gel.

— Nous pouvons arriver avant Kataï.

— Je n'en sais rien, mais je vais parler aux anciens. »

« Turk a dû vous dire que je ne conduirai pas la tribu vers le sud, déclara Grogh dès qu'il fut au milieu de ses compagnons.

— Où voudrais-tu donc aller, Grogh ?

— Au nord. Nous dépasserons la cascade et

remonterons le fleuve pendant cinq jours. Là où nous arriverons, Tarlai n'a pas tué la forêt ; je le sais, j'y suis allé.

— Le voyage sera trop long, murmura Gheli. Les petits doivent naître à la prochaine lune. Les femelles ne peuvent pas voyager.

— Si elles ne peuvent pas voyager vers le nord, elles ne peuvent pas voyager vers le sud, objecta Grogh.

— Pour le sud, nous avons le courant avec nous, répondit Gheli.

— Mais Lui, l'homme, nous donnera la chasse.

— Grogh, que ce soit ou non dans le danger, les petits doivent naître. La tribu descendra vers le sud.

— Faites comme bon vous semble. Mais qui vous dit que la forêt est vivante vers le sud ? »

Ils demeurèrent interdits. La discussion se prolongea et l'on décida que Krapp allait partir en éclaireur pour que l'on sût à quelle distance on pouvait trouver la forêt vivante.

« Vous allez perdre un temps précieux, s'écria Grogh ; croyez-moi, montons vers le nord sans plus attendre ! »

Mais la décision était prise. Krapp dut partir vers le sud et Kriff l'accompagna.

Durant les jours qui suivirent, on ne parla plus de départ. On attendait les informateurs. Les castors creusèrent la neige pour atteindre des racines. Puis, poussés par la faim, ils démolirent quelques cabanes pour se nourrir des bois dont elles étaient construites. Mais les rongeurs ne parvenaient plus à se rassasier.

Krapp et Kriff revinrent enfin. Ils n'avaient plus que la peau et les os.

La tribu se rassembla pour les entendre.

« Tarlai, dit Krapp, a tué la forêt sur une distance que huit jours de marche n'arrivent pas à couvrir. Au-delà, le fleuve entre dans les gorges de Dong la montagne. Derrière elle, il y a l'homme et son grand village. »

Nul ne souffla mot ; la nouvelle était désastreuse et il n'était plus temps de s'engager vers le nord.

« Dès que les petits pourront se mettre en route, décida Turk, nous remonterons le cours du fleuve. »

Et il ajouta en soupirant :

« Si nous sommes encore en vie !

— Mangez, frères, dit Grogh aux deux voyageurs épuisés, je vous ai gardé des racines ! »

Krapp et Kriff dévorèrent les maigres provisions.

Pendant quelques jours, la colonie parvint encore à se nourrir tant bien que mal.

Un matin, tandis que Grogh cherchait des racines, il rencontra l'élan.

« Oh ! Grogh ! dit El, que je suis heureux de te revoir ! Je suis venu exprès par ici pour m'informer de toi. Je craignais que Tarlai ne t'ait donné la mort. »

Grogh, sans l'écouter, l'interrogeait du regard, si intensément que l'élan comprit aussitôt. Il constatait d'ailleurs que l'on pouvait compter les os de son ami, tant il était maigre.

« L'écorce ne manque pas, là où Tarlai n'a pu passer, déclara-t-il aussitôt. Tu peux remonter le fleuve. Tu venais bien là-haut, à chaque printemps ; pourquoi n'irais-tu pas aujourd'hui où tu as faim ?

— Je vais y aller, El.

— Je t'attendrai au même endroit que d'habitude. »

L'élan s'éloigna, trottant.

Grogh rentra aussitôt au village et vit Turk.

« Turk, viens avec moi vers le nord ! Nous y trouverons à manger.

— Je n'ai plus la force de faire le chemin, Grogh. Mais pars si tu veux.

— Merci, Turk. »

Il alla faire la même proposition à ses deux vieux compagnons, qui le suivirent aussitôt sans rien dire.

Ils franchirent la digue et la cascade et remontèrent vers le courant. A l'aube du cinquième jour, ils revirent Ner la forêt, endormie sous la neige, mais bien vivante.

Kriff hurla de joie.

« Tais-toi donc », gronda Krapp.

Mais il ne pouvait lui-même contenir son allégresse.

Grogh se retourna, rencontra le regard de Kriff et ils se sourirent spontanément.

« Tu avais raison, Grogh ! » s'exclama Krapp en riant.

Ils s'enfoncèrent sous les arbres et leur repas dura jusqu'au soir.

El arriva quelques jours après.

« Eh bien, Grogh ? » dit-il.

Un instant il attendit une réponse et, comme elle tardait, il commença, selon son habitude, à débiter les dernières nouvelles :

« Tu sais, Hug et sa bande... »

Mais Grogh l'interrompit :

« El, que ferais-tu si tes petits étaient sur le point de mourir de faim ?

— Je les conduirais là où ils trouveraient à manger.

— Et s'ils étaient trop faibles pour marcher ?

— Je leur apporterais la nourriture.

— C'est bien ce que je compte faire, moi aussi !

— Mais, Grogh, tu n'as plus de petits, que je sache ?

— Non, mais j'ai toute ma tribu.

— Qu'entends-tu faire ? demanda Krapp.

— Porter des vivres au village.

— Comment cela ? Tu ne pourras porter que deux ou trois branches !

— Ce n'est pas moi qui les porterai, mais le fleuve. »

Krapp comprit. Et, sous le regard émerveillé de l'élan, les trois castors commencèrent à scier des branches. Leur besogne dura des heures.

« Krapp ! appela Grogh.

— Que me veux-tu ?

— Descends le fleuve et rejoins la colonie. Tu

demanderas à Turk de nous envoyer les plus résistants des mâles. Et tu diras aux autres de se mettre à l'eau pour arrêter et recueillir les branches que le fleuve leur apportera. »

Krapp plongea aussitôt. Derrière lui, Grogh et Kriff mirent à l'eau toutes les branches coupées.

Pendant dix jours, ils scièrent branches et arbustes, qu'ils confiaient ensuite au courant.

Puis Krapp revint avec une vingtaine de jeunes castors.

« Oh ! Grogh ! appela-t-il en arrivant.

— Comment ça va-t-il au village ? demanda Grogh.

— Au mieux ! Mais les vivres ne suffisent pas, les estomacs sont pleins, mais les magasins sont encore vides.

— Alors, au travail ! »

Les castors se divisèrent en petites équipes, chacune choisissant un aulne à abattre. L'une d'elles entreprit de scier un grand sapin.

« Il servira l'an prochain à refaire la digue », murmura Kriff.

Ils travaillèrent constamment durant six jours. Un matin, Sterfern, un des leurs, fit observer que Kataï le gel était fort cette année et que le fleuve aurait bientôt son dur manteau.

« C'est vrai, dit Grogh, il est temps de partir. »

Et ils redescendirent au village.

Chapitre 5

Hug le loup

Kataï le gel régnait en maître. Le fleuve s'était cuirassé de glace. La neige couvrait les monts et la vallée. Emmitouflée de blanc, Ner la forêt réparait dans le sommeil ses forces épuisées par l'été. Les plus sanguinaires de ses fils rôdaient, affamés, à la recherche d'une proie, et ils maudissaient Kataï qui ne se décidait pas à disparaître.

La colonie de castors attendait, elle aussi, le départ du dieu glacé, mais sans s'émouvoir. Les magasins de vivres étaient encore bien garnis et, dans les cabanes, la vie poursuivait calmement son cours.

Les petits étaient venus au monde, et dans quelques semaines les mâles partiraient pour leur saison vagabonde.

Un matin, Stek, la femelle de Turk, sortit avec ses petits qu'elle avait eus la première et qui n'avaient jamais quitté leur demeure natale.

Personne dehors. Stek précédait sa nichée en lui montrant le fleuve gelé, les arbres couverts de givre. Toute aux explications qu'elle donnait du paysage, elle n'entendit pas un glissement suspect, celui de Hug le loup, qui profita d'un moment où elle se retournait, appelant un retardataire, pour bondir auprès d'elle, se saisir de Nifs, le plus dodu des petits, et s'enfuir en l'emportant.

Cela se passa si rapidement que Stek en fut d'abord frappée de stupeur. Lorsqu'elle réussit à crier, Hug était déjà loin et aucun habitant de Ner n'eût réussi à l'atteindre.

Toute la tribu accourut et le vent porta aux oreilles du loup les lamentations et les cris de vengeance. Mais Hug sourit et continua de dévorer tranquillement sa proie.

Le lendemain, il fallut bien se résigner chez les castors : « Celui qui a faim peut tuer », dit la loi de Ner.

Mais vint le tour de Her, la femelle de Dregh.

Elle sortait chaque jour avec ses petits et les emmenait invariablement de l'autre côté de la digue. Hug, à l'affût, l'avait observée durant

plusieurs jours et, bien qu'il fût à jeun, avait attendu le moment le plus favorable à l'attaque.

Ce jour-là, le vent était son complice ; Her ne pouvait ni le flairer de loin ni l'entendre. Il s'embusqua derrière un buisson et attendit.

Her passa tout près de lui et fut aussitôt saisie par l'âcre odeur du loup, mais trop tard, hélas ! Hug déjà détalait, un petit dans sa gueule.

Les anciens donnèrent des consignes de prudence : ne pas s'éloigner du village et se tenir toujours sur ses gardes.

Cela n'empêcha pas que le petit de Fragh fût tué, ni que ceux de Lenk, de Huel, de Hrimm subissent le même sort.

On tremblait au village, mais sans trouver aucun remède. Dégelé, le fleuve ramènerait la sécurité, mais Kataï ne partait pas.

Enfin, un nouveau malheur détermina la tribu à mettre coûte que coûte un frein à l'avidité du loup.

Largh, un des anciens, était sorti, n'avançant qu'avec une extrême prudence. Mais le loup fut plus rusé que lui. Le castor parvint à un amas de pierres et se mit à le contourner ; à peine atteignit-il le terrain découvert qu'il fut assailli.

La lutte fut terrible et brève. Hug eut le flanc lacéré, mais Largh expira sur la neige, égorgé.

Personne au village ne s'inquiéta de sa disparition, jusqu'à ce qu'un matin, en passant près du monticule, Kriff, épouvanté, découvrît les restes de Largh.

La communauté, alors, fut prise de panique. La force de Largh était réputée chez les castors.

Les anciens se réunirent.

« Quand Hug rejoindra ceux de son clan, déclara Turk, il se vantera bien haut de ses victoires sur nous ; tous les habitants de Ner en seront informés et les mangeurs de chair viendront en bande assiéger notre colonie. Aucun de nous ne pourra sortir de chez lui sans être assailli et tué, tandis que le peuple des castors sera la risée des fils de Ner. Il n'y a qu'un moyen d'empêcher pareil désastre : il faut que Hug ne puisse parler ! Il faut qu'il meure. Qui de nous combattra Hug ? »

Il y eut un pesant silence, puis tous les yeux se tournèrent vers Grogh, qui se dressa et dit :

« Moi ! et j'ai mon plan. »

On lui fit une ovation et chacun lui offrit de participer à sa périlleuse entreprise.

« Pour le moment, déclara Grogh, il faut que vous me laissiez agir seul. »

Et il refusa même l'assistance de Kriff, qui était fort, jeune, intelligent, et digne d'une confiance illimitée, mais qui, en l'occurrence, ne pouvait le servir en rien.

Grogh, entre tous, était doué d'une perception aussi prompte que subtile, qui le mettait en mouvement aussitôt, avec une grande sûreté dans la décision. Simultanément, il réfléchissait, raisonnait, agissait, ce dont aucun autre castor n'était capable. Il n'en avait aucun mérite : la nature l'avait ainsi fait.

Il quitta la cabane au milieu de la nuit et se mit à remonter la cascade. L'entreprise était pénible, car le castor devait se frayer une piste sur la glace.

Il avait déjà mis au point son plan d'action. Il ne pouvait lutter de vitesse avec Hug, mais l'élan, lui, pouvait le défier à la course. Grogh avait une fois sauvé la vie de son ami. El, aujourd'hui, devait sauver la colonie.

Grogh cheminait depuis trois jours lorsqu'il fut surpris par une violente tempête de neige. La marche devenait impossible. La neige qui tombait en abondance n'offrait aucune résistance et le pauvre castor s'y enfonçait tout entier. Au cours de la nuit, Laff le vent se mit à jouer cruellement avec lui, soufflant tantôt à droite, tantôt à gauche, l'assaillant par-devant, puis le poussant par-derrière. Et le froid était intense et mordant.

Lorsque Grogh s'abattait sur le sol, exténué de fatigue, Laff l'imitait aussitôt. Alors, croyant à une trêve, Grogh se remettait en marche ; mais

Laff s'élançait de nouveau et le cinglait de plus belle en sifflant une joie mauvaise, jusqu'à ce que Grogh s'affaissât sous un buisson. Alors le vent feignait de s'apaiser. Son chant cessait d'être rageur et devenait un doux gémissement, un soupir.

Trente fois Grogh quitta un refuge excellent et trente fois Laff bondit sur lui, plus furieux que jamais.

Puis ce fut un jeu nouveau : Laff permettait à Grogh de courir en avant, le poussant même, tandis qu'il faisait voler à sa rencontre une rafale de neige ; un instant il la tenait suspendue en l'air puis l'abattait sur Grogh, qui se trouvait vite enseveli sous l'avalanche. Il ne parvenait à se dégager qu'au prix de durs et longs efforts.

Laff s'éloignait ; il attendait que le castor eût repris sa marche puis soulevait de vertigineux tourbillons qui l'enveloppaient et l'enfouissaient à l'improviste.

Toute la nuit, Grogh fut ainsi le souffre-douleur de Laff.

A l'aube enfin, le vent mourut.

Grogh, épuisé, s'alla blottir dans un fourré pour y dormir. Il ne repartit que vers le soir.

Il avait enfin atteint Ner, endormie sous la neige mais qui montrait à des signes à peine perceptibles qu'elle était bien vivante.

Il fit un repas de quelques branches qui

n'étaient sèches qu'en apparence ; leur écorce gardait la saveur de la sève. Ragaillardi et presque heureux, il se mit à la recherche d'El. A moins qu'il ne se fût déplacé vers le nord, l'élan devait être dans les parages. Il s'agissait de trouver ses traces. Les recherches de Grogh ne lui révélèrent que la piste du cheval sauvage. Alors une idée lui vint et il suivit cette piste à pas légers, car il savait que Vel s'enfuyait au moindre bruit.

Les traces devinrent confuses. Le troupeau de chevaux devait être proche et dispersé dans les parages.

Il le découvrit soudain, en train de brouter de courts buissons.

L'homme, Lui seul, avait pu contraindre les « coureurs », qui n'avaient jamais été des habitants de Ner, à fuir les plaines du sud.

Grogh s'approcha doucement puis cria :

« Je suis Grogh le castor, et c'est en ami que j'approche le peuple de Vel. »

Ces paroles rassurantes n'empêchèrent pas les chevaux surpris de se rassembler à la hâte en piaffant et hennissant autour du Stoer, le plus ancien d'entre eux. Celui-ci les écarta pour s'approcher de Grogh.

« Que veut le castor ? demanda-t-il ; s'il désire brouter avec nous, qu'il soit le bienvenu !

— Merci, Stoer, répondit Grogh. Je cherche Vel. »

Le troupeau regagna les buissons et Vel s'approcha.

« Qu'y a-t-il, Grogh ?

— Ma tribu est en danger : Hug y fait des ravages.

— Qu'y puis-je, Grogh ! Je ne me risque à combattre le loup que lorsqu'il attaque le troupeau. Hug est fort et plein d'astuce.

— Je ne te demande pas de le combattre ; je voudrais seulement que tu me dises où je puis trouver El.

— L'élan ? Mais il fuit comme le vent quand il flaire la présence de Hug.

— C'est justement pour cela que je le cherche. Sais-tu où il est ?

— Hier, il broutait à une journée d'ici, tout en allant vers le couchant.

— Merci, Vel.

— Dis-moi, Grogh... », demanda le cheval.

Il hésita un instant puis reprit :

« Dis-moi, qui combattra Hug ?

— Moi !

— Toi ! s'exclama le coureur surpris.

— Oui, moi.

— Eh bien, tous mes vœux, Grogh... Combien des tiens Hug a-t-il tués ?

— Largh et de nombreux petits.

— Il y a longtemps que tu as quitté ta colonie ?

— C'est le cinquième jour aujourd'hui.

— Alors Hug peut avoir encore tué des vôtres ?

— Oui, Vel.

— Il te faut trois jours au moins pour joindre l'élan, et plus encore pour ton retour au village. Y arriveras-tu à temps pour le sauver ?

— Je ne sais pas, soupira Grogh ; mais Hug doit périr avant que les mangeurs de chair n'apprennent que, sur le fleuve gelé, le peuple des castors est sans défense.

— Je comprends, Grogh. Bon courage et bonne chance !

— Merci ! Adieu, Vel ! »

Et Grogh, s'adressant au troupeau, s'écria :

« Bon séjour à la Tribu des Coureurs ! La Tribu des Castors est son amie ! »

Déjà il s'éloignait lorsque Vel le rappela :

« Attends, ne pars pas ! Je veux t'aider et je le puis. Prends le chemin du retour : El te rejoindra à la cascade ; c'est moi qui vais aller le lui dire.

— Vraiment, Vel ?

— Je suis un bon coureur et nos peuples sont amis.

— Merci, Vel ! »

Grogh n'ajouta rien et prit la direction de la cascade, tandis que Vel, quittant son troupeau, s'élançait vers l'ouest.

Chapitre 6

Le plan de Grogh

L'élan arriva le premier au rendez-vous et s'en alla trottant au-devant de son ami qu'il vit déboucher sur le flanc de la colline voisine et s'avancer non sans difficulté sur la neige.

« Je t'attends depuis hier, Grogh ; quand Vel est venu me dire que tu me cherchais, j'ai pris sur-le-champ le galop vers toi. Qu'y a-t-il donc ? »

Grogh s'arrêta, reprit haleine et répondit :

« Il y a que la colonie est en danger et que toi seul peux la sauver.

— Qui donc te veut du mal, Grogh ?

— Je te dis que la colonie... », reprit Grogh, qu'El interrompit aussitôt :

« Mais toi, Grogh, quel péril cours-tu ? De quoi es-tu menacé ? »

L'élan avait appuyé sur le mot *toi.*

« Quiconque menace la colonie menace Grogh, s'écria le castor ; quiconque tue les miens me tue !

— Parle donc.

— Hug le loup... », commença Grogh, mais il fut encore interrompu, et cette fois par le tremblement de l'élan.

« C'est lui ? murmura El avec effort, c'est lui... qui...

— Oui, c'est lui.

— Grogh, je ne peux pas t'aider ! Tu vois bien que, pour t'avoir entendu prononcer son nom, je tremble comme Sgnif la feuille, quand Laff la secoue !

— Il t'arrive pourtant de l'affronter.

— Seulement quand il veut égorger mes petits.

— Beaucoup de petits castors ont été égorgés. Si tu ne m'aides pas, il en mourra d'autres. Écoute-moi, El. »

Grogh lui parla longuement, puis ils descendirent ensemble au village. Kriff fut le premier à les voir et apporta aussitôt à El des écorces que celui-ci fit disparaître avec appétit.

Turk, l'ancien, s'approcha.

« Eh bien, Grogh ?

— A-t-on revu Hug ?

— Avant-hier il a tué Sterner et l'autre jour Krij et il avait commencé par Laer, Griff, Stirb.

— Tous des mâles adultes !

— Les femelles et les petits ne sortent pas. Nul ne va aux provisions. Si Hug ne s'en va pas et si Kataï le gel persiste, les réserves de vivres ne suffiront pas.

— Eh bien, Turk, Hug mourra. »

L'ancien regarda Grogh dans les yeux et comprit qu'il ne parlait pas à la légère.

« As-tu besoin d'aide ? lui demanda-t-il.

— Oui. Pour l'instant, j'ai besoin de tous les mâles. »

Turk s'éloigna sur la glace.

« Krapp, demanda Grogh, quelle est, à ton avis, l'épaisseur de la glace, au milieu du fleuve ?

— A peu près celle de l'écorce de Pel le peuplier.

— Il faut la fendre.

— Mais, Grogh, c'est un travail que nous n'avons jamais fait !

— Nous le ferons.

— Comme tu voudras, Grogh », acquiesça Krapp ; mais il hochait la tête.

Sur la glace, tout contre la digue et au milieu de celle-ci, Grogh traça un rectangle. Les mâles de la colonie, conduits par Turk, se mirent à en entailler les côtés avec leurs incisives. Le rectangle était de dimensions telles que l'élan pouvait y prendre place aisément, et ce pénible travail demanda un jour entier. Quand le bloc rectangulaire fut complètement découpé, Grogh monta dessus et s'assura qu'il flottait et vacillait de toutes parts.

Il s'agissait maintenant de le rendre maniable, de pouvoir enfoncer l'un de ses petits côtés dans l'eau et de l'y pousser à volonté, comme une trappe à glissière, dans le sens du courant. Il fut quelque peu raccourci, puis limé, biseauté à l'une de ses extrémités, tandis qu'était diminuée par le bas l'épaisseur de la glace, sur le bord correspondant.

Ainsi, cette plaque flottante, dirigée mais aussi retenue par les castors, disparut momentanément sous la carapace du fleuve, découvrant l'eau profonde et mouvante.

Turk et ses travailleurs s'en retournèrent à leurs cabanes.

« Krapp, dit Grogh, appelle El maintenant. »

Puis, se tournant vers Kriff :

« Dis-moi, Kriff, combien de temps penses-tu pouvoir tenir dans l'eau en manœuvrant cette trappe de glace ?

— Si tu me donnes une branche de peuplier à ronger, répondit Kriff, j'y resterai jusqu'à la prochaine lune.

— Tu sais que la trappe te poussera, tendant à filer dans le courant.

— Kriff ne se laisse pas bousculer dans le fleuve, même par un tronc d'arbre.

— Bon, dit Grogh, qui était dans l'eau et

retenait l'extrémité de la plaque ; et maintenant viens m'aider à la remettre en place. »

Ils y parvinrent non sans peine. Mais le glaçon rectangulaire, attiré par le courant, menaçait de leur échapper. A la demande de Grogh, Kriff plongea dans l'espace étroit ménagé sur l'un des côtés, passa sous le bloc et, pour l'immobiliser, le souleva quelque peu avec sa tête et sa queue.

« C'est un peu dur », murmura-t-il.

Mais Krapp arrivait en compagnie de l'élan. Il

alla rejoindre Kriff sous la glace et allégea son effort.

« Voilà un beau trou, apprécia El.

— Écoutez tous les trois, dit Grogh ; El passera sur la trappe et alors, Kriff et Krapp, vous ne cesserez de la maintenir. Mais Hug le suivra de près et, juste avant qu'il s'engage sur elle, vous la ferez filer dans le courant.

— Faisons un essai. »

Prudent et léger, El passa sur la pièce de glace.

« Plus près de la digue, lui cria Grogh ; recommence, El ! »

El repassa, rasant la construction.

« Très bien, El ! Et, maintenant, vous autres, lâchez tout ! »

Les deux castors plongèrent après avoir poussé la trappe dans le sens du courant : elle s'enfonça légèrement et glissa en crissant sous la carapace du fleuve. A la place où El était passé quelques instants auparavant, Elka l'eau, si chère aux castors, apparut, profonde et bruissante. Cependant Kriff et Krapp allaient arrêter la trappe dans sa course et la ramenaient à sa place primitive. Leurs têtes surgissaient dans l'espace étroit qu'elle ne recouvrait pas.

« Ça va, Grogh ?

— Parfait !

— El, dit Grogh en s'approchant de l'élan, à toi maintenant d'entrer en action. »

El eut un sursaut.

« Bien, dit-il, prépare-moi quelque tendre écorce pour mon retour. »

Il gagna la rive et s'éloigna dans la vallée tandis que le vent lui apportait le cri des castors.

« Bonne chasse ! »

Grogh le suivit des yeux aussi longtemps qu'il put, puis, grimpant sur la digue, il se mit aux aguets juste au-dessus de l'endroit où devait s'ouvrir le gouffre.

Ce fut seulement quand la lune apparut entre les nuages que l'on entendit le hurlement de Hug. Krapp et Kriff gagnèrent aussitôt leur poste et Grogh se tint sur le qui-vive. Dès lors, tout pouvait s'accomplir d'un moment à l'autre.

Quelques minutes s'écoulèrent dans un profond silence, puis, de nouveau, la voix du loup se fit entendre, cette fois rageuse et terrifiante.

« Il est lancé sur El, pensa Grogh, la lutte est engagée ! »

Et ses yeux fouillaient la rive, çà et là baignée de lune.

L'élan s'était enfoncé dans les bois jusqu'au pied de Dong la montagne. Là, il avait rencontré Hug et il fuyait maintenant vers le fleuve avec le loup à ses trousses. Hug le serrait de près, allongeant et accélérant ses foulées de plus en plus, sur le sol durci par le gel et qu'il ne touchait qu'à peine. Il voulait dépasser El en hurlant, le faire se cabrer d'épouvante et lui sauter à la gorge.

El aperçut les premières cabanes des castors et força son allure vers la digue, mais le loup en fit autant et parvint à dépasser l'arrière-train de l'élan. Chasseur infaillible mais impatient, il estima qu'il pouvait sauter sur le coureur et le saisir au garrot. Il bondit. El, sentant le danger, fit un écart de côté mais ne put éviter que son flanc fût lacéré par les griffes du loup. Alors, pris de panique, il oublia les consignes de Grogh. Rapide comme une flèche, il s'élança sur le fleuve. Il longea bien la digue, mais Grogh lui avait recommandé de ralentir son allure en passant sur le piège de glace, de telle façon que le loup, voulant bondir sur lui, s'enfonçât dans l'eau brusquement découverte.

Or El passa sur la dalle mobile et traversa le fleuve à une telle vitesse que Grogh eut à peine le temps de le voir. Le castor serra les mâchoires et pensa que le coup était manqué.

Mais, tandis que Krapp maintenait la trappe à l'une des extrémités, Kriff, du côté opposé, avait mis le museau dehors et observait les événements par l'étroit espace qui donnait du jeu au bloc de glace.

Il dut fermer les yeux quand El passa en

trombe au-dessus de lui, mais il les rouvrit bien vite et vit arriver Hug, que l'élan avait réussi à distancer.

« Plonge ! » cria-t-il à Krapp.

Et il libéra lui-même la trappe après l'avoir tirée vers le fond, de toutes ses forces, tandis que de son côté Krapp la poussait dans le courant.

Hug arriva sur elle au moment où elle était aux trois quarts disparue ; il la sentit sombrer sous ses pattes de derrière tandis que l'eau tourbillonnait devant lui. Mais il savait réagir instantanément devant les dangers les plus imprévus. D'un puissant coup de reins, il se jeta de côté pour atteindre le bord le plus proche. Il vint donner du poitrail contre lui et, ses pattes de devant labourant la glace de leurs griffes, il tenta de se hisser hors du trou. Grogh, alors, accroché à la digue, voulut le frapper de sa queue. Il n'y parvint qu'à peine, mais son attaque suffit à alerter Hug et à relâcher son effort. En levant la tête pour voir de qui venaient les coups, le loup lâcha prise et tomba tout entier dans l'eau.

Grogh, aussitôt, se laissa tomber sur lui de tout son poids. Hug coula sous le choc, mais parvint à se libérer de son adversaire en l'atteignant d'un coup de crocs à la gorge. Après quoi il voulut de nouveau s'agripper à la glace. Mais Grogh alla le saisir par la queue et le tira vers le fond. La lutte avait été si rapide que Krapp et Kriff purent seulement alors se joindre à leur ami pour maîtriser les derniers efforts du loup. Peu de temps après, Hug, tout gonflé d'eau, avait cessé de vivre.

Les trois castors l'abandonnèrent au courant, qui l'emporta sous le manteau de glace.

Son corps ne reparaîtrait que lorsque Kataï le gel aurait remis le fleuve à nu.

Mais, alors, il ne pourrait plus épouvanter personne.

Chapitre 7

Lugh l'écureuil raconte...

Lugh l'écureuil s'élança du sommet de l'arbre et parcourut en un clin d'œil la distance qui le séparait du sol, où quelques bonds gracieux firent onduler sa belle queue.

« Très bien, Lugh ! » s'exclama Grogh, qui l'observait avec admiration.

L'écureuil sourit.

« Je croyais que tu voulais te fracasser la tête, poursuivit le castor ; pourquoi donc tant te hâter ?

— Je voulais te faire peur », lui répondit Lugh en riant.

Il s'approcha de Grogh et entreprit de se lisser le poil.

Le castor et l'écureuil étaient de grands amis ; outre leurs goûts communs, ils détestaient tous deux les mauvaises odeurs et la saleté.

Tout en faisant sa toilette, Lugh se mit à raconter la vie de la forêt.

« Tchierk le ver a un curieux défaut : il est changeant. Je l'ai observé une fois qu'il s'était installé tout près de mon nid. Il ne faisait rien d'autre que manger des feuilles. Il parlait peu, mais son attention demeurait toujours en éveil. Un beau matin, je ne le vis plus. Il ne pouvait pourtant pas être bien loin. Je scrutai les alentours sans le trouver. Tandis que je poursuivais mes recherches, mon petit m'appela et j'accourus vers lui ; il avait trouvé un œuf. Je m'apprêtais à déguster avec lui cette friandise de choix, lorsque je m'aperçus qu'il ne s'agissait pas d'un œuf. L'objet était jaune comme Sgnif la feuille, quand elle va mourir, et je ne parvins pas à l'ouvrir : mes dents — et tu sais si elles sont fortes — ne faisaient que s'enfoncer, me semblait-il, dans un écheveau de poils drus et fins.

« Après de vains efforts, je laissai de côté ce faux œuf et n'y pensai plus. Or, un matin, je le retrouvai entre mes pattes. Je le saisis et j'eus l'impression qu'en lui quelque chose bougeait. Je le repoussai, pris de peur et prêt à fuir, mais sans cesser de l'observer.

« Et voilà que l'œuf s'ouvre et qu'il en sort Ferlen le papillon. Il volette, de-ci, de-là, puis s'approche de moi et me dit :

« — Eh ! Lugh, on ne reconnaît donc plus ses amis ? »

« Intrigué, je le regarde. De ma vie je n'avais parlé à un papillon. Ferlen évolua autour de moi en riant, puis il s'éloigna non sans m'avoir crié : « J'étais Tchierk le ver ! » Tchierk s'enfermant dans un petit œuf de poil et devenant Ferlen ! Tu y comprends quelque chose, toi, Grogh ? »

Grogh secoua la tête.

« Je n'ai jamais vu Tchierk, répondit-il.

— Le ver ne vit pas dans cette région, reprit Lugh. Kataï le tuerait. Je l'ai connu quand j'habitais dans le sud... Mais comment devient-il Ferlen ? C'est ce que j'ai demandé à Trihi l'oiseau chanteur.

« Et Trihi m'a raconté ceci :

« Lorsque le Seigneur de la forêt et du gel, des nuages et du vent, et de tous les peuples de Ner et de Dong, nous fit habiter la terre, il entendit Tchierk qui se plaignait de n'être pas aussi rapide que Vel le cheval, et de ne pouvoir ainsi connaître toute la forêt.

« Le Père Grand le fit venir à lui et lui dit :

« — Si tu es capable, malgré ta gourmandise, de jeûner d'une pleine lune à l'autre, je te changerai en papillon et tu pourras t'en aller, rapide et léger, rendre visite à toutes les fleurs de la forêt. »

« Alors Tchierk mangea quantité de feuilles qui se trouvaient à sa portée, mais en en détachant les fils, qu'il amassa dans son corps.

« Lorsqu'il estima qu'il en avait suffisamment, il se cacha dans un coin et tira tous les fils en les liant les uns aux autres et en fit une enveloppe dans laquelle il s'enferma, sans laisser aucune issue afin de n'être pas tenté d'en sortir pour aller manger.

« Le Père Éternel put constater que le ver avait jeûné durant le temps prescrit et il le transforma en papillon.

« Dès que Tchierk se sentit des ailes, il déchira le tissu qui l'emprisonnait et s'envola pour découvrir le monde. C'est ainsi qu'il se change en papillon chaque année, depuis lors.

— J'aimerais le connaître, dit Grogh.

— Si tu vas vers le sud, tu le rencontreras certainement. »

Grogh fit : non, de la tête. Il ne connaîtrait jamais Tchierk.

Changeant de sujet, l'écureuil annonça que le clan des loups avait un nouveau chef.

« Les mâles se sont battus sur la grande clairière de Ner à la dernière lune, dit-il, je les ai vus du haut d'un arbre. Qui sait où est allé se cacher Hug ? Pourquoi a-t-il abandonné ceux

dont il était le chef ? Je ne parviens pas à me l'expliquer.

— Hug, déclara Grogh, s'était épris de Kataï le gel, quand il le vit sur le fleuve, et Kataï l'a recouvert de son manteau.

— Quoi ! s'exclama Lugh, il est mort ?

— Krapp l'a vu flotter sur le fleuve au commencement de la Saison d'Or.

— Et tu dis que Hug était l'ami de Kataï ?

— Oui, mais il n'était pas l'ami de l'eau.

— Mais l'eau avait sur elle le manteau de Kataï ? »

Grogh ne répondit pas. Il se rappela le combat sur le fleuve et, à ce souvenir, les cicatrices de sa gorge se gonflèrent. Une saison ne s'était pas encore écoulée depuis que la colonie avait chanté sa victoire sur le loup, mais l'événement semblait si lointain à Grogh que, sans les propos de l'écureuil, il n'y aurait plus pensé.

Lugh flâna encore un peu, se lissa la queue attentivement, puis, sautillant, il gagna un arbre, salua le castor et disparut.

Grogh reprit son heureux vagabondage. Durant des semaines, il remonta le courant ; il ne s'était jamais aventuré si loin. Sur un long parcours, le fleuve traversait Ner, la forêt magnifique. Puis celle-ci disparut peu à peu, faisant place aux enfants de Dong la montagne.

Quand il atteignit le pied des collines, Grogh décida de s'en retourner. Il avait à faire bien du chemin avant de revoir la digue, et d'ailleurs les flancs arides des fils de Dong ne l'intéressaient pas.

Chapitre 8

Une fatale rencontre

Quel délice que de se laisser porter par le courant !

D'une rive à l'autre, les jeunes branchages s'inclinaient, jouant avec l'eau, tandis que le peuple de l'air multipliait ses joyeux appels. Les compagnons de Lugh saluaient Grogh qui, bercé par l'onde, s'en retournait vers les siens.

Les petits clapotis murmuraient entre eux et les feuilles bavardes répétaient de proche en proche ce qu'elles avaient entendu.

Parfois, les arbres, agacés de tout ce papotage, se secouaient comme pour s'en délivrer et détachaient d'eux les feuilles les plus dissipées ; et ces dernières, pâles ou rouges de honte, s'abattaient sur le sol en tremblant.

Grogh leur souriait, heureux dans son cœur de constater, à les voir tomber, qu'il était temps pour lui de rentrer au village.

Soudain une odeur insolite le saisit. Il stoppa un instant au milieu du fleuve puis obliqua lentement vers la gauche et s'approcha de la rive. L'odeur, pour ne lui être pas familière, ne lui semblait pas tout à fait inconnue. Sa mémoire eut tôt fait de le renseigner et il plongea aussitôt. C'était l'odeur de Tarlai le feu.

Après quelques instants il sortit de l'eau et scruta les alentours, mais il ne vit pas Largh la fumée, et l'air ne lui apporta nul souffle de chaleur. Peut-être n'était-ce pas Tarlai ? Et pourtant...

Il avança prudemment, l'oreille au guet. Aucun doute : Tarlai n'était pas loin ; on l'entendait crépiter.

Oui : il était là, tout près de la rive, dans une clairière. Mais il ne s'agissait pas de Tarlai le géant, l'ogre dévorant de l'an dernier. Largh était là aussi, mais légère, mince et flâneuse.

Grogh, interdit, fixait le feu, tandis que le fleuve l'entraînait doucement.

Au-dessus de Tarlai, il y avait une chose noire, terne et inerte.

Ainsi, c'était là ce Tarlai qui avait dévoré une grande partie de Ner ! Tarlai ou son fils, peut-être ?

Grogh n'en pouvait détacher son regard. Il se rappela ce qu'avait dit l'élan :

« Tarlai est une chose toute petite qui peut devenir très grande et, quand elle croît, elle dévore tout. »

Si elle allait grandir tout à coup ?

Grogh, à cette pensée, fut secoué par un frisson. Ner, sa chère forêt, courait de nouveau un grand danger, ainsi que tous ses enfants. Il fallait l'avertir, et aussi la colonie.

Mais Tarlai est un combattant, pensa le castor ; ce n'est pas un lâche, il a soutenu l'assaut de Janki le nuage.

Grogh décida de lui lancer un défi. Tarlai s'élancerait vers lui pour le combattre et serait tué par le fleuve. Alors seulement il pourrait, lui, Grogh, rentrer tranquille à la colonie ; et les peuples de Ner chanteraient la victoire du castor sur le feu.

« Tarlai, s'écria-t-il du milieu du fleuve, Tarlai, Grogh le castor te méprise ! Tu es semblable à Crow, le mangeur de charogne ; tu trembles comme Seï-Tschia le vermisseau ! Tu as peur ! Viens donc. Sinon je dirai à tous que tu as peur et que tu ne relèves pas un défi. O Tarlai, viens donc ici ! Un peu de courage. Tu ne bouges pas ? Ner tout entière saura que tu as peur du castor ! Tout le monde rira de toi. Allons, tu préfères cela plutôt que d'affronter Grogh ?

Tu es encore plus vil et plus lâche que Crow. »

Mais Tarlai ne bougeait pas.

« Tu as eu le courage de tuer Ner, poursuivit Grogh, de violer la loi, et maintenant tu trembles ! Avance, Tarlai, avance. »

Ce dernier continuait de crépiter longuement tandis que la fumée s'élevait en colonnes légères. Puis quelqu'un bougea, mais ce n'était pas Tarlai.

Grogh fut atterré. Il éprouvait l'impérieux besoin de fuir mais ne pouvait faire un mouvement. Auprès de Tarlai, venait d'apparaître Lui, l'homme, et celui-ci s'avança lentement vers le fleuve et cria quelque chose quand il en fut tout près.

Grogh trembla de tout son corps et réussit enfin à vaincre sa stupeur. Il plongea dans le fleuve et se mit à nager rapidement, aidé par le courant.

« Plus vite, plus vite ! » lui criait une voix intérieure.

L'eau s'ouvrait devant lui, docile, et se refermait derrière lui, murmurante et agitée par une telle violence.

« Plus vite, plus vite, Grogh ! Toujours plus vite ! Il est là, Lui, c'est toi qu'il veut, fuis, Grogh, plus vite, plus vite, plus vite... »

Il aperçut devant lui, dans l'eau, tout un réseau de petits rameaux tressés.

« C'est Lui ! Il te veut ! Courage ! Vite ! »

Mais plus il avançait et mieux il distinguait près de lui ces milliers de branchages entrelacés et souples, semblables à toutes les fibres des aulnes qu'il avait dévorées.

Un bruit étrange accéléra encore sa fuite.

C'était une vibration intense et continue, comme si toute la colonie frappait l'eau. Mais ce n'était pas là un signal des castors. Quelque chose ou quelqu'un d'inconnu s'approchait de lui.

« Hâte-toi ! Plus vite ! »

Il lui sembla voler sur l'eau. Il y eut un choc. Il se sentit cerné, entravé ; il frappa en tous sens et se dégagea quelque peu, mais de nouveau se sentit paralysé dans sa fuite et tenta en vain de faire volte-face : ses pattes de devant étaient prises dans le souple réseau.

Furieux, Grogh y porta un coup de dents, puis deux, puis trois, et l'une des petites branches se détacha des autres.

« Dépêche-toi ! dépêche-toi ! Coupe ! Déchire ! »

Mais comme ils étaient nombreux et serrés, ces rameaux !

« Courage, Grogh ! Plus vite ! »

Le temps, hélas ! lui manqua ; il se sentit enlevé hors de l'eau, puis un coup l'étourdit. Avant de perdre connaissance, il lui sembla que Ghil l'aulne tombait sur lui.

Chapitre 9

Les trois chasseurs

L'homme tira une bouffée de sa pipe, puis en toqua légèrement le fourneau sur son pouce, afin d'en faire tomber la cendre.

Près de lui le feu pétillait gaiement et dans la marmite barbotaient les pommes de terre.

L'homme reporta la pipe à sa bouche et en fit gargouiller le tuyau.

« Je ne l'aurais jamais cru, dit-il en s'adressant à son compagnon occupé à remailler le filet.

— Moi non plus », répondit l'autre, qui, laissant son travail, s'approcha du feu, souleva le couvercle de la marmite et enfonça la pointe de son couteau dans une pomme de terre. « Elles sont presque cuites, annonça-t-il ; où donc est parti Franck ? »

Celui qui venait d'être ainsi nommé surgit alors du plus épais de la forêt, traversa la clairière et rejoignit ses compagnons.

« Rien de nouveau ? » lui demanda l'homme à la pipe.

Franck déposa son fusil et répondit :

« Rien, pas même des traces. »

Il ôta son bonnet de fourrure et le jeta sur son sac. Une chevelure abondante et frisée encadrait son visage anguleux, dur et bronzé.

« Si cela continue ainsi, rectifia l'autre en ôtant sa pipe de sa bouche, nous rentrerons plus riches que tu ne le crois. »

Franck lui lança un regard de côté, puis répliqua, non sans quelque humeur :

« Charles, ce n'est pas le moment de plaisanter. »

L'homme sourit en lissant sa barbe grise et dit :

« Je crois que la barque n'est pas très bien amarrée, Franck. Veux-tu aller voir ? »

Franck se leva sans empressement en ronchonnant à voix basse.

« Eh ! Franck, appela le troisième personnage, un jeune homme blond qui se dirigeait vers le feu avec une brassée de bois, puisque tu vas à la barque, mets donc le filet dedans ! »

Franck ne remarqua pas le sourire furtif et le coup d'œil qu'avaient échangés ses deux compagnons. Il ramassa le filet et s'en fut vers la berge.

Il constata que la barque était solidement amarrée ; il jeta le filet dedans.

A deux pas de lui, sur l'herbe, il y avait une cage de bois que ses compagnons et lui avaient construite pour y enfermer un jeune élan qu'ils

espéraient capturer. Il allait s'en retourner lorsqu'il vit bouger dans cette cage quelque chose qu'il distinguait difficilement, car le soir tombait. Il s'approcha pour voir et un éclair de joie brilla dans ses yeux. Il s'immobilisa devant le castor prisonnier tandis que mille pensées agitaient son esprit.

Le garçon blond, Emmanuel, l'appela :

« Hé ! Franck, tu ne viens pas manger ?

— Si, tout de suite.

— Allons, viens !

— Quand l'avez-vous capturé ?

— Il y a trois heures ; mais viens donc ! »

Franck prit enfin place auprès du feu. Charles mangeait une pomme de terre qu'il saupoudrait de sel. Quand le frugal repas fut expédié, Franck alluma une cigarette, fixa la flamme et demanda :

« Comment l'avez-vous pris ? »

Le vieux chasseur tira quelques bouffées de sa pipe, cracha et, désignant Emmanuel, il répondit :

« Ce grand blond de malheur voulait pêcher... et nous avons pêché un castor. »

Il découvrit en riant ses dents jaunies par le tabac.

« Il s'en est fallu de peu qu'il ne déchire tout le filet, commenta Emmanuel ; mais la prise importe un peu plus que le filet !

— En attendant ton retour, il a tendu le filet, poursuivit Charles ; il espérait prendre quelques poissons, en admettant qu'il y en eût dans ce maudit fleuve. Moi, j'avais allumé le feu et j'allais faire un peu de bois mort, quand j'entends, venant du fleuve, un clapotis accompagné de petits cris aigus. Je m'approche de la berge et je vois un castor, tourné de mon côté, qui barbotait sur place. Alors j'appelle Emmanuel et lui dis de sauter dans la barque, de ramer vers le filet. Le castor se sauve ; sapristi, comme il nageait ! S'il n'y avait pas eu le filet, on pouvait toujours courir pour l'avoir ! Il s'est pris dans les mailles ; Emmanuel l'a rejoint avec la barque et l'a étourdi d'un coup de rame sur la tête. Il était temps ! L'animal aurait coupé le filet avec ses dents.

— Une veine, s'écria le blond Emmanuel en lançant son mégot dans le feu ; sa fourrure vaut le Pérou.

— Je pense à une chose, dit Franck ; tu te souviens, vieux Charles, de la chasse d'il y a quatre ans ? »

Charles plissa le front, semblant chercher ce souvenir entre ses rides.

« Il y a quatre ans, dit-il, quand Joseph mourut ?

— Oui.

— Quatre ans... Nous étions à plus de quatre-vingt-dix milles d'ici vers le sud.

— Oui, c'était la première fois que nous explorions cette région.

— Eh bien ! qu'est-il arrivé ?

— Tu as découvert une colonie de castors dans l'anse d'un fleuve.

— Eh oui, Franck ! Nous avons compté plus de deux cents cabanes !

— Et si le coup avait réussi, nous ne serions pas ici à la recherche d'un petit élan. Après ta découverte, tu as repéré l'endroit et tu t'es mis en route pour nous apporter la bonne nouvelle.

— Oui, poursuivit le chasseur, et j'ai rencontré deux castors. J'ai épaulé, tiré, et j'en ai tué un. J'ai manqué le second ; j'allais l'assommer d'un coup de crosse, lorsqu'il s'est jeté dans mes jambes, m'a fait tomber et a détalé. Oh ! je pensais bien l'avoir à son village, un peu plus tard.

— Nous avons organisé la battue le lendemain, expliqua Franck à Emmanuel. Nous

avons cerné le petit village avec toutes les précautions voulues. Mais, quand nous avons approché les cabanes, elles étaient toutes vides, sans exception. Ces diables de castors étaient partis sans laisser d'adresse. Nous avons remonté le fleuve pendant plusieurs jours. Aucune trace de castors ! C'est en les cherchant avec nous l'an dernier que cet idiot de Germain a mis le feu aux herbes sèches. La moitié de la forêt a brûlé... Il s'en est fallu de peu que nous y laissions notre peau.

— Et tu penses, demanda Charles, que le castor que nous venons de prendre appartient à cette tribu ?

— Qui sait ? Nous n'en avons jamais rencontré d'autres là-bas.

— C'est invraisemblable. Il faudrait pour cela que non seulement les castors aient abandonné leur fleuve, mais qu'ils aient franchi la montagne pour gagner celui-ci.

— C'est ce qu'ils ont dû faire, puisque dans le sud ils ont disparu. »

Charles secoua la tête et grommela :

« Après tout, pourquoi pas ?...

— Alors, qu'allons-nous faire ? demanda Emmanuel ; nous lancerons-nous à la recherche des autres ? »

Ses compagnons ne répondirent pas. Ils semblaient consulter les braises du feu.

« Nous en déciderons demain matin », murmura enfin le vieux Charles.

Franck se leva, alla s'assurer que la cage était bien fermée, attisa le feu et vint s'allonger à côté de ses compagnons en s'enroulant dans sa couverture.

Les étoiles avaient l'air de se concerter entre elles, tandis que la lune, débonnaire, souriait béatement.

Chapitre 10

Saetta l'alactaga

Grogh avait faim et ne parvenait pas encore à comprendre ce qui lui était arrivé, ni pourquoi il lui était impossible de s'en aller, dans quelque direction qu'il tentât de le faire.

Il apercevait Tarlai, qui flambait au sol, et l'homme qui se tenait tout près de lui.

« Voilà pourquoi tu es cruel, ô Tarlai, murmura-t-il. Tu es son ami ! »

Il tenta de se déplacer très lentement, comme pour déjouer une surveillance : un pas..., deux pas... Mais une fois de plus des branches lui barraient le passage. Elles ressemblaient aux pieux de sa cabane. Il constata qu'il y en avait tout autour de lui, au-dessus de sa tête et sous ses pattes.

« Une cabane de pieux, sans sortie, murmura-t-il, un piège ! »

Lui, l'homme, l'avait enfermé pour l'empêcher de fuir ; et cet ennemi redoutable était celui-là même qui, naguère, avait tué Berkel, tandis qu'il rentrait au village avec son fils, Grogh !

Cette pensée remplit le castor de fureur et de haine ; il se mit à secouer de toutes ses forces les barreaux de sa prison.

Un homme s'approcha, une torche à la main, et Grogh, aveuglé, se tapit. L'homme examina la cage, puis s'en alla.

Le castor comprit que, s'il voulait s'évader, il fallait agir sans bruit. Mais comment faire ?

La faim aidant, il mordit dans un barreau, puis entreprit de le scier. Il était dur, plus dur que le sapin, mais Grogh persévéra dans sa tentative.

Clouhoud le hibou poussa le cri lugubre qui lui avait valu son nom. Les petits lapins qui jouaient sur l'autre rive du fleuve s'enfuirent, effrayés.

Clouhoud sortit du nid de corbeau qu'il avait usurpé, alla se percher sur une branche basse et fit sa toilette avant de partir à la chasse. Il n'était pas pressé : il avait toute la nuit pour lui, puisqu'il faisait clair de lune. Il ne pouvait pas chasser de jour, le soleil étant son ennemi. Ses gros yeux

jaunes cerclés d'un duvet hérissé passèrent en revue son plastron de plumes. Son bec noir et court mit de l'ordre çà et là. Puis il ouvrit les ailes, qui battirent si légèrement que nul ne pouvait les entendre.

Il se tourna lentement pour examiner sa queue ; puis ce fut le tour de ses pattes, de ses ongles crochus. Enfin, il secoua la tête pour démêler les houppes de ses joues. Ayant donné un dernier coup d'œil à toute sa personne et satisfait de constater qu'aucune tache ne souillait son plumage rougeâtre, strié de gris et de brun, il s'éleva dans l'air.

Un petit lapin qui venait de sortir de son terrier pour grignoter un brin de pimprenelle entendit soudain un froissement suspect. Il leva le museau, et ce fut son dernier geste. Clouhoud l'avait saisi dans ses serres et tué d'un seul coup de bec à la nuque.

Sous le regard de la lune, le rapace nocturne fit disparaître sa proie, n'en rejetant que le poil et les os.

Après un peu de repos, il quitta de nouveau sa branche hospitalière et reprit son vol, prêt à fondre sur une autre victime de choix.

Saetta l'alactaga était à la recherche de quelques graines, sur la berge du fleuve. Avec ses petites pattes de devant, il fouillait le sol, tandis que ses longues oreilles en éventail s'orientaient vers les bruits les plus ténus et que ses yeux saillants ne cessaient de faire le guet.

Pour lui, petit rongeur pas plus gros qu'un rat, les dangers étaient nombreux et il devait se tenir toujours prêt à fuir, ce qu'il pouvait faire, en prodigieux et rapide sauteur.

Il trouva une graine, la prit entre ses pattes pour la porter à sa bouche et, l'ayant mangée, il se lécha les moustaches et se déplaça lentement.

A trois mètres de lui, Skia-skia le petit ver rampait vers l'eau.

Saetta se ramassa sur ses pattes de derrière, plus longues que tout son corps, souleva le torse, allongea, en la raidissant, sa queue, qui se terminait par une touffe de poils, et, prenant appui sur elle, il s'élança.

Il vola dans l'air comme s'il était mû par un ressort et tomba exactement sur Skia-skia. Il le saisit avec précaution et le mangea.

Mais quelqu'un l'observait, et c'était Clouhoud, qui, de haut, se laissa tomber. L'alactaga en fut averti par un imperceptible froissement de l'air, devina le danger, fit un bond et le hibou ferma ses serres sur le vide. Furieux, il reprit un peu de hauteur et se jeta de nouveau sur Saetta. Celui-ci était rapide comme l'éclair. Ses longues pattes et sa queue ne touchaient le sol que pour le projeter en l'air. Il avait une fois battu les chevaux à la course.

Clouhoud changea de tactique ; il décrivit en planant au-dessus du coureur de larges cercles concentriques, de sorte que Saetta, ne sachant plus dans quelle direction fuir, comprit que, s'il ne trouvait pas très vite un refuge, il aurait fini pour toujours de chercher des graines. C'est alors qu'il sentit l'odeur du castor. En deux bonds il fut près de lui, se faufila entre deux barreaux de la cage et lui dit :

« Au nom de Ner la forêt, sauve-moi ! »

Grogh avait assisté à la dernière manœuvre du

hibou. Il écarta ses pattes de devant et les referma sur l'animal traqué.

« Laisse ma proie, charogne ! » cria Clouhoud.

Grogh ne daigna même pas lever la tête. Le hibou, survolant la cage, se répandait en injures et l'indifférence du castor augmentait sa rage. Enfin il s'éloigna, non sans crier :

« Veille bien sur tes petits, ô castor, car, si je les trouve, je n'en ferai qu'une bouchée ! »

Grogh n'avait pas cessé de ronger un des barreaux de la cage.

Saetta posa son petit museau sur la patte de son sauveur en murmurant :

« Merci !

— Chaque fois que tu seras en danger, accours vers le castor. Je suis Grogh...

— Et moi...

— Tu es Saetta, je te connais.

— Grogh, j'ai vu les tiens, il y a quelques jours. »

Grogh ne répondit pas. S'il avait été un homme, peut-être aurait-il pleuré.

Il sentit son cœur battre plus fort et sa gorge se serrer.

Pourrait-il jamais retourner auprès de ses compagnons ? Reverrait-il jamais sa cabane, Krapp, Kriff, la colonie entière ? S'en irait-il encore, seul et libre le long du fleuve, au commencement de la Saison d'Or ? S'il parvenait à scier tous ces pieux assemblés, peut-être, alors... Mais comme ils étaient durs !

La rage et la douleur le rendirent imprudent. Il se jeta de tout son poids contre les barreaux, les secoua, les mordit, tandis qu'un filet d'écume pendait à sa bouche.

Saetta, qui connaissait la patience et la bonté des castors, cherchait la raison de cette fureur. Il s'écarta un peu de Grogh, lui grimpa sur le dos, observa très attentivement les alentours et s'éclipsa en sautillant.

Grogh ne s'en aperçut même pas. La lune semblait l'observer en souriant, mais un voile de tristesse glissait sur sa face ronde, accentuant de plus en plus son extrême pâleur. Cela indiquait qu'avant peu toute la forêt serait réveillée, et l'homme avec elle.

Grogh tentait en vain d'ébranler les barreaux. Il ne parvenait qu'à se meurtrir. Soudain, il vit apparaître devant lui une file serrée d'alactagas, Saetta en tête.

« Ne crains rien, Grogh !

— Je ne crains pas les rats sauteurs de la forêt, répondit Grogh avec une nuance de dédain.

— Castor, tu ne me connais pas assez, s'écria Saetta. Tu m'as sauvé la vie et, moi, je veux te sauver à mon tour !

— Comment cela ?

— L'homme t'a mis en cage. Je vois ce que

c'est. Achève de scier ta branche ! Nous allons nous occuper des autres. »

La nombreuse famille de Saetta se mit au travail aussitôt. Le bruit que faisaient les incisives de tous ces petits rongeurs ressemblait au grincement d'une scie.

Grogh connaissait peu les alactagas. Il apprit à les apprécier, cette nuit-là. Les durs barreaux de la cage n'étaient pour eux que tendres branches. En très peu de temps, douze d'entre eux furent sciés à leur base. Grogh alors se jeta contre eux et réussit à les repousser suffisamment pour se frayer un passage.

Lorsqu'il fut hors de la cage, il leva la tête pour humer l'air libre et saluer la lune. Mais celle-ci, aux prises avec l'aube, ne s'occupait plus des choses de la terre.

Saetta s'approcha de Grogh et lui dit :

« Ce n'est pas le moment de flâner, sauve-toi !

— Tu sais où vit ma tribu, répondit Grogh ; viens me voir, tu trouveras chez nous de fines racines et tout ce que tu pourras désirer.

— Avec les miens ? demanda Saetta en désignant la troupe qui l'entourait.

— Mais..., dit Grogh, c'est toute ta colonie ? Non ?

— Ce n'est que ma propre famille. »

Grogh embrassa d'un regard émerveillé le

rassemblement de ses sauveurs. Ils étaient bien une soixantaine !

« Avec tous les miens ? répéta Saetta en riant.

— Oui, avec eux tous, répondit Grogh après un silence.

— Alors, prépare-toi à ce que nous vidions ton magasin. Mais file, car, avant peu, l'homme te cherchera.

— Je ne vous oublierai pas ! Merci », s'écria Grogh en gagnant le bord de la berge.

Et il plongea.

Chapitre 11

Nuit de panique

Au village, Kriff taquinait Touline, la dernière fille de Turk l'ancien, tandis que Krapp rentrait une branche dans la cabane.

Çà et là, des groupes de castors charriaient les provisions pour l'hiver déjà prochain, tandis qu'au milieu du fleuve Turk discutait avec des vieux mâles.

Krapp appela son compagnon ; tout près de la cabane étaient amassées une cinquantaine de branches qu'il fallait couper et emmagasiner ; il déplora en grognant la perte de temps. Mais Kriff n'y fit pas attention, car, tout en se mettant au travail, il suivait des yeux Touline, chère à son cœur, et qui nageait non loin.

C

C'est alors que Grogh apparut. Krapp, rien qu'à le voir, comprit qu'il venait de subir une dure épreuve. Sans pouvoir dire un mot, il choisit un rameau parmi les plus tendres et le lui tendit. Enfin il demanda :

« Que t'est-il arrivé, Grogh ? »

Comment le voyageur épuisé pouvait-il résumer les événements des neuf jours précédents ? Le piège, la cage, la libération et la fuite sur le fleuve, durant une semaine, devant l'étrange poisson de bois qui portait les hommes et frappait l'eau ? Grogh n'avait plus revu ses terribles ennemis mais le fleuve lui avait apporté tous leurs bruits, à mesure qu'ils avançaient.

Huit jours, il avait fui, croquant hâtivement quelques pousses, sommeillant dans l'eau en se laissant porter par le courant. Huit jours d'efforts continus pour se sauver et sauver la colonie ! Comment raconter tout cela ? Pour un bavard, il y aurait eu de quoi parler pendant toute une saison.

Grogh ne put qu'articuler :

« Lui ! Je l'ai vu !... Lui !

— L'homme ? Tu en es sûr, Grogh ?

— Ils m'ont pris, enfermé... C'est l'alactaga qui m'a sauvé.

— L'alactaga sera notre ami, dit Kriff, qui écoutait.

— Il est déjà notre ami. »

Il y eut un silence. Puis Krapp demanda :

« Où est-il, Lui ?

— Au nord.

— Au nord avec son village ?

— Non. Ils étaient plusieurs et chassaient.

— Très au nord ?

— Là où meurt Ner la forêt. »

Ils se turent, dominés par l'angoisse.

« Il avance toujours vers nous, dit enfin Grogh. C'est le même homme qui nous a chassés naguère et qui a tué mon père.

— Mais sommes-nous encore en sûreté, Grogh ?

— Je te dis qu'il descend le fleuve.

— Alors ?

— Alertez les anciens. »

Bientôt la cabane de Grogh fut entourée de castors. Krapp les mit au courant et chacun frissonna.

« Lui ! »

La tribu avait vaincu Kataï, dieu du gel ; elle avait dominé les crues furibondes d'Elka, tué Hug le féroce, résisté à Tarlai le dévorateur ; elle s'était fait aimer ou tolérer par presque tous les habitants de Ner, et maintenant c'était Lui qui menaçait.

« Nous partirons dès demain, déclara Turk, exprimant ainsi la pensée de tous ; nous descendrons le fleuve. »

Les travaux furent arrêtés. Chacun se retira chez lui en attendant le jour nouveau.

La lune, cette nuit-là, ne se montra pas. Seules quelques étoiles clignotaient sur le ciel ténébreux. Mauvaise nuit pour la chasse. Le loup hurlait, tandis que le lynx, qui voit dans le noir, espérait une proie facile.

Enger, un vieux castor, fut réveillé par un bruit étrange et une odeur inconnue le surprit. Il leva la tête et vit une ombre s'allonger tout près de sa femelle, celle d'un bras.

« Lui ! » murmura-t-il.

Il fit un mouvement pour fuir vers le magasin. Mais d'un bond l'ombre fut sur lui. Il vit le bras se lever, quelque chose briller et il sentit comme une grosse épine lui entrer entre les épaules. Le sang jaillit et Enger comprit que la vie le quittait. Il se traîna jusqu'à sa femelle et la couvrit de son corps. Mais elle était déjà morte.

L'ombre pénétra dans une autre cabane. Aucune plainte ne rompit le silence. Surpris dans leur sommeil, les castors mouraient les uns après les autres.

Petits, femelles, nul n'échappait à l'ombre, qui poursuivait son œuvre de mort de cabane en cabane, frappant avec son acier froid et avec tant de sûreté qu'il ne provoquait qu'un petit gémissement.

Une femelle se jeta dans les pieds de l'homme en essayant de le faire tomber, mais n'y réussit pas et se renversa, inerte, sur le sol. Son mâle tenta de mordre l'ombre, mais elle ne lui en laissa pas le temps. Un jeune castor fut saisi et frappé au moment où il allait plonger. Son élan s'évanouit dans une plainte étouffée.

Dans sa cabane, Turk l'ancien dormait auprès de sa compagne et de leurs quatre jeunes castors. Quand l'ombre arriva, il sentit sa présence et donna l'alarme. Touline, la plus jeune des filles, s'élança dans le magasin et plongea dans l'eau. Sa mère allait en faire autant, lorsque le coup mortel s'abattit sur elle. Alors Turk enfonça ses terribles incisives dans la jambe de l'assaillant. Un hurlement vite réprimé déchira le silence, mais Turk tomba, frappé sauvagement et plusieurs fois par la lame d'acier. Ses enfants l'attendaient dans l'eau, mais l'odeur du sang les saisit et ils comprirent. Ce fut Touline qui la première frappa le fleuve de sa queue pour donner l'alarme, et l'ombre alors dut renoncer à poursuivre sa lugubre entreprise.

De toutes les cabanes, les castors plongeaient et la seule odeur du sang les renseignait suffisamment sur la nature du danger.

Dans une grande confusion et en files compactes, ils se mirent à descendre le courant. Le gros de la troupe venait à peine de dépasser les dernières cabanes que des éclairs déchirèrent les ténèbres, accompagnés chacun d'une détonation. Grogh comprit. Un tel éclair jadis avait tué son père. Il le dit à Krapp et celui-ci donna l'alarme autour de lui, conseillant la plongée. Mais, hélas ! déjà maints castors, foudroyés, s'en allaient à la dérive, tandis que les survivants fuyaient éperdument.

Ils eurent bientôt atteint le coude du fleuve, et le petit lac où ils avaient vécu tant de jours heureux disparut à leurs yeux. Mais fuir, fuir loin de Lui était à ce moment leur unique pensée.

Soudain l'eau fut agitée par une violente bousculade accompagnée de coups de queue précipités et continus. C'est que les premiers fuyards se débattaient dans les rets du filet qui leur barrait le passage.

Ce fut un instant tragique. Tandis que les uns tentaient en vain de s'arracher aux mailles qui les ligotaient, les autres faisaient volte-face pour revenir en arrière, mais se heurtaient à la foule des nouveaux arrivants. Ainsi, dans la panique et dans une mêlée inextricable, les castors devenaient furieux.

Cependant les coups de feu se précipitaient et ne manquaient pas leur but.

Grogh, à coups de dents et de queue, réussit à frayer un passage pour lui et ses amis. Il vint donner dans le filet dont il avait déjà fait la redoutable expérience.

« Coupez ! Sciez ! » cria-t-il en donnant aussitôt l'exemple.

Les dents se mirent à l'œuvre et coupèrent les mailles, tandis qu'à l'arrière de la troupe on criait, gémissait, poussait, écrasant parfois les premiers rangs contre le filet et paralysant les rongeurs.

De la rive, les hommes tiraient dans la mêlée. L'étrange poisson que Grogh connaissait bien, la barque, avait atteint les derniers rangs.

Le massacre n'avait, hélas ! que trop duré, lorsque enfin, par le trou pratiqué dans le filet tendu, les survivants se précipitèrent dans une bousculade effrénée.

Pendant longtemps encore les coups de feu les pourchassèrent et des morts jalonnèrent sur le fleuve le chemin parcouru.

Puis le tir s'arrêta ; le poisson de bois, après les coups de grâce aux blessés, cessa de frapper l'eau, tandis que la colonne poursuivait sa fuite désordonnée.

Lorsque le ciel se teinta des premières lueurs de l'aube, un des anciens donna le signal de halte et de rassemblement. Les retardataires vinrent

rallier le gros de la troupe et tous les castors inspectaient leurs rangs, cherchant leurs compagnons, leurs femelles ou leurs petits. Mais beaucoup d'entre eux ne trouvèrent plus personne des leurs.

« Est-ce possible, Grogh, dit Krapp après un coup d'œil circulaire, nous sommes à peine, ici, la moitié de la colonie ?

— D'autres vont peut-être nous rejoindre. »

Ils attendirent jusqu'à ce que le soleil fût haut dans le ciel. Trois castors seulement les rejoignirent.

« Et maintenant, il est grand temps de partir », dit un ancien.

Sterfern, Grogh, Krapp furent désignés comme guides. Il s'agissait de trouver un nouveau séjour.

On confia à Grogh le commandement d'une avant-garde divisée elle-même en deux groupes, dont le second assurait la liaison avec le gros de la colonne, commandé par Sterfern. Une arrière-garde fermait la marche, à un mille de distance. Elle avait Krapp à sa tête.

Chapitre 12

Retraite en bon ordre

La journée s'écoula sans incident, et, pendant trois jours, la colonie poursuivit sa retraite.

« Nous arriverons bientôt à la seconde cascade, dit Krapp à l'aube du quatrième jour en désignant la montagne qui se dressait au loin, dans un léger voile de brume ; je suis parvenu jusqu'à Dong, lorsque Tarlai a dévasté Ner. Et après Dong la montagne, il y a Lui et son village. »

La colonne avait fait halte sur la rive pour se nourrir d'écorces. Grogh s'approcha de Sterfern.

« Que faisons-nous ? demanda-t-il.

— Janki le nuage a fini de fondre en eau ; bientôt cette eau se mariera avec Kataï le gel, et la forêt sera couverte de blanc. Les petits naîtront à la prochaine lune. Il vaut mieux s'arrêter ici. »

Grogh approuva. Sterfern avisa la colonie.

« Nous ne construisons pas de digue maintenant, annonça-t-il. Si Lui ne vient pas, nous la construirons l'an prochain. »

Une trentaine de cabanes furent bâties à la hâte.

Des arbres entiers furent sciés et abattus tout près du village provisoire, pour que l'on n'eût pas à les débiter en petits rameaux et à entasser ceux-ci dans les magasins.

Sterfern donna ensuite à tous la consigne de ne pourvoir les cabanes que d'une seule ouverture donnant sur le fleuve.

« Ainsi, dit-il, l'homme ne pourra plus nous frapper par surprise. Pour nous atteindre, il faudra qu'il abatte notre demeure et le fleuve nous sauvera. »

Le fleuve ne gela pas cette année-là, mais la neige tomba en abondance. Quand les petits vinrent au monde, les mâles tinrent conseil.

« Bientôt commencera notre saison de liberté, dit Sterfern ; celui qui, au cours de son voyage, trouvera un bon emplacement pour le village le signalera à son retour.

— Mais, interrompit Kriff, croyez-vous que le fleuve n'aura pas de crue, cette année ?

— Il y en aura une, certes !

— C'est-à-dire qu'à notre retour nous ne retrouverons ni le village ni les petits. L'eau emportera le premier et noiera les seconds. Nous n'avons pas de digue.

— Construisons-la maintenant, proposa un jeune.

— Impossible, répondit Sterfern, Kataï le gel n'est pas encore parti.

— Tout de même, c'est notre saison, s'écrièrent de nombreux castors.

— Voulez-vous qu'elle soit la fin de la colonie ? » répliquèrent les sages.

Le débat dura longtemps. Enfin Krapp s'avança au milieu du cercle et les voix se turent. Krapp n'était jamais intervenu dans une discussion que pour prononcer des paroles sensées. Il était en outre estimé de tous et l'un des rares anciens survivants.

« Quand Tarlai a dévoré la forêt, dit-il, nous avons tous renoncé à notre Saison d'Or et sommes restés au village... »

Il parlait bas, comme à lui-même, pour se convaincre, et poursuivit :

« Alors le danger était Tarlai ; aujourd'hui c'est l'eau et, pire que l'eau, l'homme. Nous ne devons pas quitter les nôtres.

— Il a raison, restons.

— Nous pourrons partir seulement quand les

petits seront assez vigoureux pour nous suivre et se nourrir eux-mêmes. Et c'est alors que nous irons tous ensemble chercher un nouvel emplacement.

— Mais, objecta quelqu'un, si nous restons, les provisions seront insuffisantes.

— Qui donc a dit que nous ne bougerons pas des cabanes ? répliqua Grogh. Nous pourrons très bien trouver à manger non loin du village, et rester sans cesse en contact avec lui. »

La discussion se prolongea, car il fallait rompre avec un usage qui avait force de loi dans la vie des castors.

Mais la sagesse et l'intelligence finirent par l'emporter.

Les mâles consentirent à ce premier renoncement. S'ils avaient imaginé tous ceux auxquels ils allaient être contraints, leur délibération aurait duré moins longtemps.

Les premiers bourgeons annoncèrent le printemps ; peu à peu, la forêt se réveilla. Les arbres s'habillèrent de neuf tandis que le peuple de l'air s'affairait en chantant.

Les petits n'avaient presque plus besoin de tutelle et la colonie allait pouvoir partir à la recherche d'un site hospitalier.

Mais l'hiver ne voulut pas mourir sans laisser un souvenir.

Il appela Janki le nuage, et Laff le vent.

Janki occupa tout le ciel et se mit à gronder en lançant ses regards fulgurants sur la terre ; et Laff soufflait avec fureur.

Puis Janki, grondant de plus en plus fort, se précipita tout entier sur la forêt, comme s'il voulait la punir de quelque méfait.

Les jeunes pousses se cramponnaient à la terre, chaque feuille nouvelle était tremblante. Laff faisait plier et gémir toutes les ramures et, lorsque l'un des plus puissants fils de Ner lui résistait, il appelait le nuage et sa foudre. L'arbre, alors, était frappé à mort et s'abattait sur le sol avec un cri déchirant.

Tapis dans leurs cabanes, les castors attendaient la fin de l'ouragan.

Kriff jouait avec ses petits, tandis que Touline les contemplait avec amour. Krapp et Grogh étaient descendus dans le magasin pour voir si l'eau montait.

Soudain, Touline et Kriff entendirent un bruit étrange, au-dehors.

« Ce doit être Elka qui frappe », murmura Kriff.

La cabane, selon la consigne de sécurité, n'avait d'autre issue que celle du magasin, trappe ouverte sur le fleuve. Touline, contre la cloison, prêta l'oreille. Le bruit continuait, léger et régulier.

« C'est Elka », répétait Kriff.

Mais il cessa de jouer et vint à son tour épier le bruit.

« Appelle Grogh », dit-il un instant après.

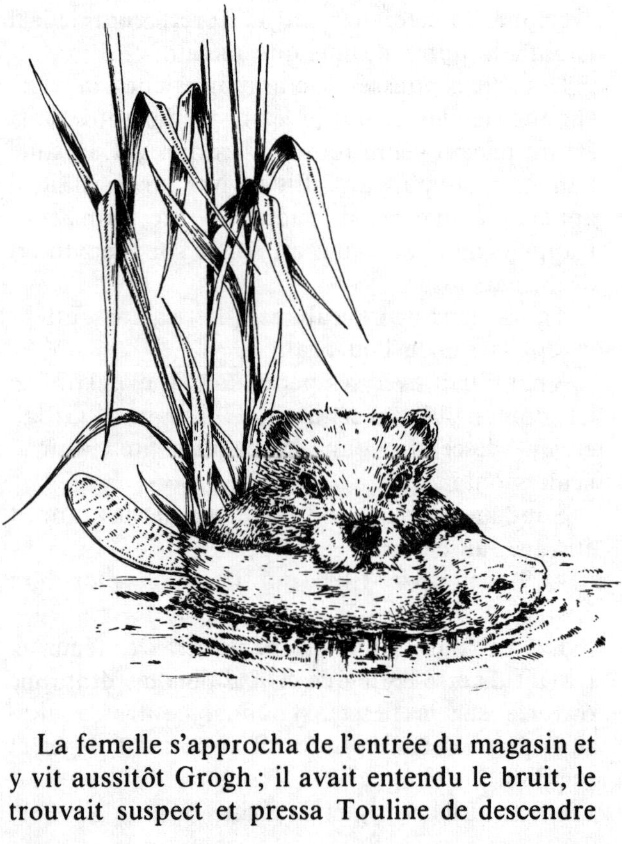

La femelle s'approcha de l'entrée du magasin et y vit aussitôt Grogh ; il avait entendu le bruit, le trouvait suspect et pressa Touline de descendre dans le magasin avec ses petits. Lorsqu'elle eut suivi ce conseil, il plongea dans l'eau.

Le fleuve bouillonnait sous la pluie qui tombait si dru qu'on ne voyait rien à deux pas.

Grogh s'arrêta un instant pour écouter, puis nagea lentement jusqu'à la cabane de Sterfern. Il trouva l'ancien dans son magasin.

Quelques instants après, ils sortaient ensemble et répandaient l'alarme de cabane en cabane. Bientôt toute la colonie fut dans l'eau, prête à fuir.

Sterfern et Grogh remontèrent le fleuve, en reconnaissance.

« Vois, Sterfern, le poisson de bois ! »

Sterfern hocha la tête.

« Je ne me trompais pas, dit-il. Lui cherche à pénétrer dans nos demeures. Il a pensé que les grondements de Janki, les sifflements de Laff et le bruit de cette pluie torrentielle nous empêcheraient d'entendre nager le poisson de bois. Nous allons tous partir.

— Et les petits ?

— Eux aussi. Lui ne pourra nous voir filer sous les rideaux de pluie. Je guiderai les femelles et les petits. Toi, Grogh, essaie de détourner l'attention des chasseurs.

— Entendu ! »

Sterfern s'éloigna. Touline sortit la première, avec ses petits, qu'elle fit nager le plus possible sous l'eau. Puis, successivement, de chaque cabane sortirent les femelles et les jeunes. Leur groupe, suivant Sterfern, s'éloigna en quelques instants.

Grogh et les autres mâles se tenaient, anxieux, dans l'eau, sous les cabanes ; mais aucune détonation ne vint se mêler au bruit des éléments déchaînés et les castors respirèrent lorsqu'ils furent assurés que les fuyards étaient déjà loin.

Au groupe de Grogh, maintenant, de prendre le départ.

Krapp s'était dévoué pour demeurer seul dans la cabane, afin d'épier l'approche de l'homme. Il en perçut bientôt le bruit et l'odeur, descendit dans le magasin et attendit. Au premier coup qui enfonça le toit de la cabane, il plongea et rejoignit les compagnons qui l'attendaient au milieu du fleuve.

Au même instant, le bâton tonnant fit entendre sa voix.

Janki l'orage, intrigué, cessa de gronder et la pluie tomba moins fort.

Les castors purent distinguer sur la rive les hommes armés de leurs tubes redoutables.

« En avant ! » cria Grogh.

Tous plongèrent, juste à temps pour éviter la décharge nourrie qui vint cingler la surface du fleuve. Taillant l'eau profonde, ils filèrent comme des flèches.

Ils avaient fait beaucoup de chemin et nageaient avec moins de hâte, lorsque le dernier de la colonne, se retournant, aperçut trois longs poissons de bois, trois barques, lancées à leur poursuite et qui progressaient rapidement.

D'un coup de queue, il donna l'alarme.

Les castors connaissaient maintenant cet étrange poisson qui portait les hommes et donnait la mort. Ils reprirent de la vitesse — tous étaient des forts. Les faibles avaient cessé de vivre lors de la première attaque du village.

En peu de temps les barques furent distancées de loin, mais la colonne maintint son allure la plus rapide. Il s'agissait de tenir bon jusqu'au coucher du soleil.

Grogh, le premier, aperçut à moins d'un mille devant lui le groupe des femelles et des petits. Un castor venait à la rencontre des nouveaux arrivants : c'était Sterfern.

Il s'approcha de Grogh.

« Ma troupe n'en peut plus, dit-il ; les petits ont besoin de repos et de nourriture. Où est l'homme ?

— Il arrive sur trois poissons de bois, répondit Grogh ; dans peu de temps il nous aura rejoints.

— Grogh, nous ne pouvons pas abandonner les petits !

— Que font-ils en ce moment ?

— Ils sont à terre, dans les broussailles, en

train de manger. Mais je te dis qu'on ne peut pas exiger d'eux qu'ils aillent plus loin.

— Ce qu'on veut, on le peut ! Ster, flanque-les à l'eau à coups de queue, à coups de dents, avec l'aide des femelles, mais, au nom de notre mère la forêt, va-t'en d'ici ! Tu t'arrêteras plus loin pour le repos des petits et ne repartiras qu'au moment où l'un de nous te rejoindra pour te signaler que Lui approche. Pas avant, pas après. Et maintenant, va, dépêche-toi !

— C'est compris, Grogh ! »

Grogh détacha de son groupe une vingtaine de mâles et leur dit de suivre Sterfern, de l'aider. Aux autres, il déclara :

« Nous devons faire en sorte que les petits aient le temps de fuir. Il s'agit d'arrêter l'homme.

— Et comment ? s'exclamèrent les castors.

— Jusqu'à présent, nous l'avons fui. Maintenant il s'agit de le retenir dans ces parages en y restant nous-mêmes. »

Tous alors se turent, plus ou moins angoissés, et se laissèrent porter mollement par le courant, tandis que le groupe de Sterfern, là-bas, se reprenait à fuir.

La première barque approchait rapidement. Les castors qui se trouvaient à la queue de la colonne, saisis de panique, s'élancèrent en avant. Quelques braves tentèrent vainement de les arrêter. Bientôt, et malgré les appels de Grogh, ce fut un sauve-qui-peut général. L'instinct de la conservation l'emportait sur le courage.

Cependant Kriff se retourna d'un bond et, criant, griffant, réussit à se frayer un passage dans les rangs compacts des fuyards.

Il atteignit les derniers et se mit à nager vers la barque.

« Kriff ! Kriff ! arrête-toi ! Que fais-tu ? » lui cria Grogh.

Mais Kriff n'entendait pas. Il pensait à ses petits et à Touline et il allait.

Un coup de feu partit du poisson de bois, mais Kriff continua d'avancer. Alors Grogh imita son exemple et tous les autres avec lui.

Le plomb des chasseurs atteignit quelques-uns d'entre eux, mais le groupe dépassa la barque, qui dut virer sur elle-même afin de le poursuivre.

Les castors essuyèrent une nouvelle décharge lorsqu'ils approchèrent de la seconde barque. Il y eut encore des tués, mais la colonne continua de remonter le fleuve, et Kriff était toujours en tête.

A l'approche du troisième poisson de bois, Kriff cessa de nager et s'abandonna au courant. Un coup de feu l'avait atteint au front.

Rien n'arrêta la marche de ceux auxquels il avait donné l'exemple.

Le nombre des morts augmenta, mais les trois barques avaient viré de bord et remontaient le courant à la poursuite des castors. La manœuvre de Grogh avait réussi.

Et, tandis que les castors nageaient rapidement, les poissons de bois étaient déjà obligés de s'arrêter pour recueillir les corps flottants de ceux qu'ils avaient tués.

Quand la vaillante colonne eut pris sur les chasseurs une avance d'un mille environ, Grogh appela Krapp.

« Il faut, lui dit-il, que tu ailles informer Sterfern de ce que nous avons fait, afin qu'il en profite pour fuir plus loin en ménageant les forces des petits. »

Le vieux Krapp gagna la berge et se cacha dans un fourré. Il vit ses compagnons s'éloigner, puis les barques passer lentement. Sur l'une d'elles il y avait le corps de Kriff. Il attendit quelques minutes puis plongea et s'élança dans le courant.

Après avoir parcouru trois milles, il retrouva Sterfern, qui donna le signal du départ à son groupe de femelles et de petits.

Quant à lui, Krapp, il attendit sur place le retour de Grogh.

Ce dernier avait entraîné ses compagnons jusqu'au village abandonné. Là, par groupes de cinq ou six, ils se réfugièrent dans les magasins. Les barques dépassèrent les cabanes puis abor-

dèrent la rive. Les chasseurs débarquèrent leur butin. Peu de temps après, l'une des barques redescendait doucement le fleuve et s'arrêtait non loin du village, tandis que sur la berge deux hommes prenaient la même direction. Ils portaient un rouleau pesant et mou que Grogh, de son poste d'observation, eut vite reconnu :

« Le piège de lianes, murmura-t-il, celui que nous avons ouvert avec nos dents. »

Un des hommes cria quelque chose et la barque vint accoster près de lui. De toute évidence, les chasseurs se disposaient à tendre leur filet en travers du fleuve.

« Allons, dit Grogh à ses compagnons, c'est le moment. »

Il plongea et tous l'imitèrent. Un homme cria pour avertir les autres et courut chercher son fusil. Lorsqu'il put le faire tonner, les castors étaient hors de portée. Ils eurent vite disparu.

Il faisait nuit lorsque Krapp rallia leur colonne, qui plus tard abordait le campement de Sterfern. Les petits dormaient sur la berge, blottis contre leurs mères. Çà et là, des sentinelles veillaient.

« Et maintenant, où est l'homme ? demanda Sterfern.

— Nous l'avons laissé au village. »

Sterfern dénombra du regard ses vaillants amis et comprit ce qu'il leur en avait coûté d'entraîner à leur suite les hommes jusqu'aux cabanes.

Chapitre 13

Le dernier exploit de Grogh

A l'horizon, le soleil émergea peu à peu des nuages et les oiseaux le saluèrent de leurs gazouillis, qui accompagnaient le balancement des hautes branches et le chuchotement des feuilles.

Sur la berge, les petits castors glapissaient allégrement, inconscients des malheurs qui avaient frappé leur tribu et des dangers qui les menaçaient encore.

Les mâles, qui n'étaient plus très nombreux, hélas ! discutaient entre eux.

« Lui viendra encore, disait Sterfern ; ce fleuve-ci n'est plus celui des castors. Nous devons émigrer une fois de plus.

— Il faudrait traverser Ner et atteindre un autre fleuve, proposa un ancien.

— Mais où coule un autre fleuve ?

— Nous n'en savons rien. Il s'agit de le trouver.

— Pourquoi ne pas continuer à descendre celui-ci ?

— Après Dong la montagne, il y a *son* village, répondit Krapp, Kriff l'a vu.

— Nous ne pouvons pas reprendre la fuite, dit un autre : hier, treize petits ont été engloutis par les eaux. Ils ne supportent pas une telle fatigue. Nous les verrons mourir les uns après les autres.

— Que conseilles-tu, alors ?

— Restons quelques jours ici !

— Mais Lui peut surgir d'un moment à l'autre !

— Hélas !

— Eh bien ! coûte que coûte, il faut partir », déclara Sterfern.

Le jour suivant, ils s'engagèrent dans la forêt, et ce fut la marche forcée.

En avant ! dans Ner, la forêt profonde et pleine de périls !

En avant, même alors que la fatigue faisait s'affaisser les plus faibles ! En avant, toujours en avant !

Chaque jour un petit succombait, épuisé.

Le soir, on s'arrêtait pour le repos sous un grand arbre et l'on jouissait d'une heure de détente. Mais, à la nuit noire, Cervihug le lynx approchait, léger, sa courte queue entre ses pattes, ses oreilles mobiles garnies de touffes de poils. Il bondissait sur un jeune castor, le saisissait à la gorge et l'emportait.

A l'aube, ce qui restait de la tribu naguère si prospère poursuivait son exode avec l'ardent espoir d'atteindre un nouveau fleuve où trouver le réconfort et la sécurité.

Il fallait aller de l'avant, encore de l'avant.

Ils atteignirent un bois d'aulnes qui leur offrait en abondance une nourriture de choix. Ils se crurent alors au bout de leurs peines. Ils décidèrent de s'arrêter là et de n'en repartir que lorsqu'ils seraient tous en état d'affronter de nouvelles fatigues.

Mais, dès la seconde nuit, les fils de Hug le loup assaillirent le campement et tuèrent douze castors. Les survivants reprirent la fuite et dès lors ne s'arrêtèrent plus de nuit, pour éviter d'être attaqués pendant leur sommeil et réduire ainsi leurs pertes. Mais loups et lynx suivaient leur piste et ne renonçaient pas à la chasse avant d'être repus.

En quatre jours, la tribu fit plus de chemin qu'elle n'en avait parcouru durant les huit jours précédents. Hélas ! plus elle allait vite, plus ses rangs s'éclaircissaient et plus les assaillants s'acharnaient sur les traînards. Les femelles commencèrent à tomber aux côtés de leurs petits. Touline, comme bien d'autres, avait perdu tous les siens.

S'arrêter eût été mortel pour tous. Nul ne souhaitait retourner en arrière. Le nouveau fleuve était le mirage, l'espoir tenace, plus fort que la faim, la soif, la fatigue et la mort.

Un seul mot d'ordre, sans cesse répété, parcourait la pauvre colonne :

« En avant ! En avant ! »

Hélas ! un jour vint où les castors entendirent de nouveaux coups de feu déchirer le silence de la forêt. Il s'ensuivit d'abord une trêve : les bêtes carnassières abandonnèrent prudemment la piste des castors, mais Lui les y remplaça.

Alors, la panique augmenta chez les pauvres fuyards.

« Plus vite, toujours plus vite », ordonnait Sterfern.

L'homme approchait chaque jour davantage. Dans un effort désespéré, la maigre colonne franchissait tous les obstacles, des ravins les plus profonds aux fourrés les plus épais, l'homme la serrant de plus en plus près.

Enfin des cris de joie retentirent :

« Elka, l'eau ! Elka est proche ! »

Alors ce fut une course éperdue, un élan

suprême pour atteindre enfin le fleuve qui serpentait là-bas, souriant et paisible.

Elka ! Elka !

Mais un bâton tonnant, un fusil, se fit entendre, et d'autres, tout proches, foudroyèrent

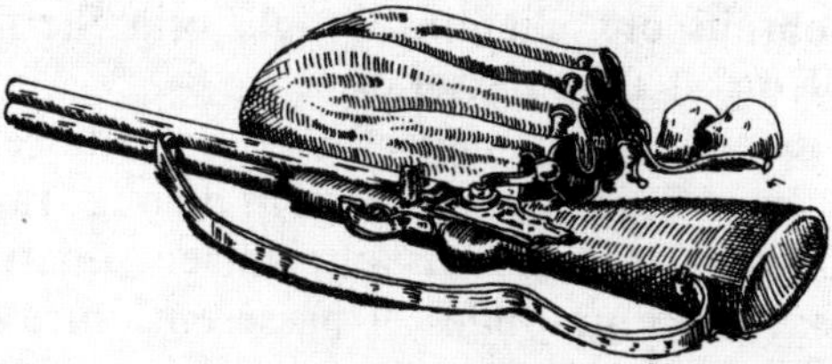

des groupes entiers de castors. Ceux qui purent échapper au massacre atteignirent l'eau. Quelques-uns d'entre eux plongeaient lorsqu'une fusillade nouvelle partit de la rive, dirigée sur ceux qui débouchaient de la forêt. Tous ne furent pas atteints, mais bien peu rallièrent le petit groupe, qui descendit le fleuve dans un effort désespéré.

Enfin les fusils se turent et les nageurs purent se rassembler sur l'eau, reprendre haleine et se compter.

Krapp, Sterfern, Grogh, Touline, Tairn, Grasz, les deux fils de Rurk, Maïne, Paër, les trois fils de Zaurs, le vieux Baur, Cain, Elfs, Alfen, Hauss, Eline, Ulfe. Vingt en tout ! Voilà ce qui restait d'une tribu de trois cents castors. Vingt ! Tous gardèrent le silence. Ils descendirent lentement le courant en se laissant porter par lui.

Soudain Grogh, qui nageait un peu en avant, s'arrêta. Là-bas, non loin de la rive, il apercevait un village, le village de l'homme.

« Rebroussons chemin, Grogh, cria Sterfern.

— Non, il faut passer. »

Ils se mirent à nager à toute vitesse. Ils dépassèrent des maisons, un pont de bois, rapides comme des poissons. Ils atteignirent quatre ou cinq barques immobiles et passèrent entre elles, sans ralentir leur allure.

De la rive, quelqu'un cria. Ils virent des hommes s'agiter, accourir et sauter dans leurs bateaux.

Grogh, alors, s'approcha de Sterfern :

« Emmène-les, Ster, fuis avec eux !

— Et toi, Grogh, ne viens-tu pas ?

— Non... Va-t'en aussi, Krapp. Ne m'attendez pas. Et, si vous voulez vivre, ne construisez plus de village. L'homme le voit et finit toujours par l'assaillir. Imitez Chicoutt la taupe. Creusez le sol, construisez vos cabanes sous les roches. Que chaque famille vive isolément, sinon les castors disparaîtront jusqu'au dernier.

— Laisse-moi rester avec toi, Grogh ! supplia Krapp ; je suis vieux, que m'importe désormais le danger de mort !

— Non, sauve-toi et sauve la tribu. Fais-la vivre et prospérer. Souviens-toi de moi, Krapp.

— Adieu, Grogh ! Je ne t'oublierai pas tant que je vivrai ! Adieu ! »

Grogh s'arrêta au milieu du fleuve. Il regarda ses compagnons s'éloigner et disparaître. Il se rappela sa tribu prospère, ses Saisons d'Or ; il revit sa cabane et le cher Kriff. Son cœur se serra tandis qu'un peu d'eau amère roulait de ses yeux vers sa bouche.

Son peuple bien-aimé ne construirait plus de barrages puissants ni de villages. Le castor irait seul, désormais, avec sa femelle ; il creuserait un terrier, dont il ne sortirait qu'au coucher du soleil. Il n'aurait plus à enseigner à ses petits le signal du groupe, le cri de ralliement. Plus de conseil des anciens, plus de victoires d'un seul faisant la jubilation de tous. L'isolement, désormais, dans le désespoir.

Et pourquoi tout cela ? A cause de qui ?

Il se retourna brusquement et découvrit ses incisives puissantes, avec une grimace de haine et de défi.

La première barque lancée à la poursuite des castors arrivait tout près de lui ; elle le dépassa, puis tourna lentement pour remonter le courant vers lui. Une autre barque s'approcha, puis une troisième, manœuvrant pour le cerner. Grogh sourit, satisfait. On s'occupait de lui, tandis que ses compagnons se sauvaient. C'est ce qu'il avait voulu.

Il perçut un bruit derrière lui ; deux des poissons de bois se déplaçaient avec précaution. Il les attendit, immobile, et, lorsqu'il les sentit

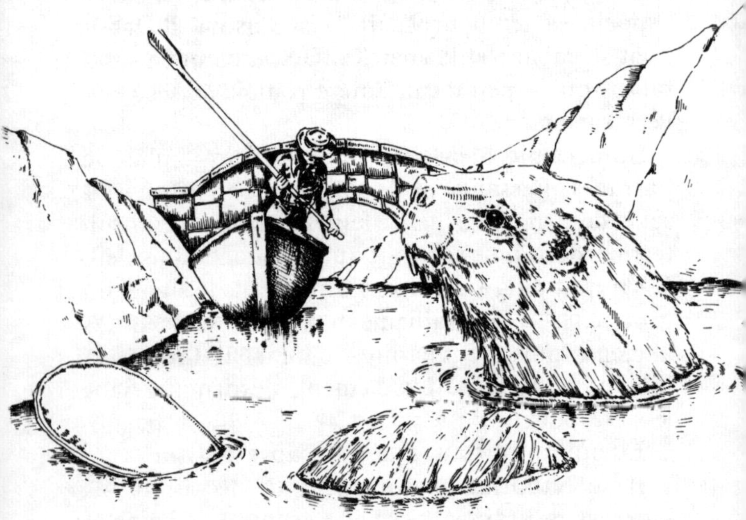

tout proches, il plongea brusquement. L'eau lui apporta le cri d'un homme et le bruissement des gaffes ou des rames qui sondaient le fleuve. Il sortit à peine le museau de l'eau, respira profondément et replongea. Au-dessus de lui, l'un des poissons de bois passait lentement, présentant son ventre. Il s'y accrocha et l'attaqua avec ses dents. C'était dur, mais il découvrit une légère fissure qui lui donnait prise, et il rongea et scia, alors même que la barque s'était remise à descendre le fleuve. Il fallait agir vite, car Ster ne pouvait être encore bien loin.

Enfin, le bois céda ; Elka, légère et gargouillante, envahit le bateau par un trou que Grogh put très vite agrandir et où l'eau, alors, se précipita joyeusement.

La barque commença de s'enfoncer. Alors le castor, suffoquant, regagna la surface du fleuve, respira un bon coup et se mit à nager de toute sa vitesse. Il pouvait maintenant tenter de rejoindre Sterfern.

Les hommes criaient. Il tourna la tête et vit plusieurs d'entre eux barboter dans l'eau tandis que coulait la barque.

Grogh était content ; il avait vengé les siens.

Mais un bâton tonnant se fit entendre. Le castor sentit une piqûre à son épaule et une chaude ondée l'envahit. Il comprit et s'abandonna au fleuve qui poursuivait son tranquille voyage.

Il ébaucha un salut vers la rive, pour Ghil l'aulne, qui l'avait nourri durant tant d'années. Il sourit à l'écureuil qui le regardait avec stupeur, puis il fixa le soleil qui déclinait à l'horizon.

« Pourquoi tout cela ? » dit-il encore.

Puis il sourit. Il comprenait. Les castors allaient peut-être changer la règle de leur vie. Ils ne construiraient plus le barrage ni la cabane. Il n'y aurait peut-être plus de conseil des anciens, ni d'appel du groupe. Mais, fût-ce au fond d'un abri souterrain, ils pourraient toujours dire et enseigner à leurs petits :

« Quelque chose d'essentiel n'est pas changé, ne doit pas changer, quelque chose pour quoi il fait bon vivre, pour quoi il peut être beau de mourir : Nous sommes un peuple libre ! »

Table des matières

Introduction 7
1. Le nouveau village 13
2. La Saison d'Or de Grogh 31
3. Tarlai le feu 41
4. La tribu sinistrée 53
5. Hug le loup 67
6. Le plan de Grogh 77
7. Lugh l'écureuil raconte 89
8. Une fatale rencontre 97
9. Les trois chasseurs 103
10. Saetta l'alactaga 111
11. Nuit de panique 121
12. Retraite en bon ordre 131
13. Le dernier exploit de Grogh 145

Titres parus dans cette collection

Erich Kästner
Deux pour une

Louise est furieuse : à la colonie de vacances, voilà une nouvelle qui lui ressemble comme une sœur ! On discute, on sort des photos... Eh bien, c'est fou et pourtant vrai : Lotte et Louise sont sœurs jumelles. En divorçant, leurs parents les ont séparées quand elles étaient bébés. Cela ne peut pas durer ! On va leur jouer un bon tour, à ces parents ! Lotte rentrera chez Papa, à Vienne, à la place de Louise, et Louise ira à Munich, chez Maman. Tout le monde les prendra l'une pour l'autre...

Pour les 9-12 ans

Maurice Druon
Tistou les pouces verts

Tistou s'endort toujours en classe. Alors son père, qui est beau, riche et marchand de canons, décide de l'envoyer à l'école de la vie.
Première leçon avec le jardinier Moustache qui découvre une chose merveilleuse : Tistou a les pouces verts. Les fleurs poussent sous ses doigts !
Avec des roses à l'hôpital, du chèvrefeuille sur la prison, la ville est transformée. Mais que va-t-il arriver si les canons de Monsieur Père disparaissent sous le lierre et les églantines ?

A partir de 9 ans

Astrid Lindgren
Zozo la tornade

Zozo ? Un ange aux yeux bleus et aux cheveux blonds. S'il s'est coincé la tête dans une soupière à fleurs c'est qu'il a trop d'appétit, et s'il a hissé sa petite sœur tout en haut d'un mât, c'est pour lui faire admirer le paysage.
Mais au fait, où est-il donc passé ? Quelle bêtise a-t-il encore faite ? Tout le village s'inquiète... Avec Zozo, on n'a pas le temps de s'ennuyer.

Pour les 7-10 ans

Isaac Bashevis Singer
Zlateh la chèvre

Hélas ! mon fils, il te faut conduire la chèvre chez le boucher : elle est déjà vieille et nous sommes pauvres. Mais voilà que, sous la tempête de neige, la chèvre sauve l'enfant... Dans ces contes, le sourire a toujours le dernier mot à moins que ce ne soit l'amour. Les naïfs pêchent la lune dans les puits, les gourmands sont incorrigibles. Quant au Diable, il guette derrière la porte ! Heureusement, il n'est pas toujours le plus malin...

A partir de 10 ans

Anthony Buckeridge
Bennett et sa cabane

De tout le collège,. c'est Bennett qui a le plus d'idées mais, chose curieuse, elles plaisent rarement à ses professeurs. Avec l'ami Mortimer, il a construit une cabane près de l'étang et tout irait bien si le poisson rouge ne s'échappait pendant qu'on lui fait faire un tour dans un filet à papillon, si Bennett ne tombait pas dans la vase avec son complet du dimanche, si sa balle de cricket n'atterrissait pas dans le jardin du directeur et si le général ne débarquait pas sans prévenir...

Pour les 9-12 ans

Erich Kästner
Le 35 mai

Si votre oncle est formidable, si vous rencontrez un cheval en chômage qui vous demande poliment du sucre... entrez sans hésiter dans la vieille armoire : c'est la porte du bout du monde !
Là-bas, les arbres distribuent des tartes, les poules pondent des œufs au jambon. Au Pays du Monde Renversé, on élève sévèrement les parents insupportables. A Electropolis, on circule sur des trottoirs roulants. Et puis, à cheval à travers l'océan, vous irez vers les îles des mers du Sud...
Seulement, tout cela n'est possible que si le 35 mai tombe un jeudi.

A partir de 8 ans

Composition réalisée par COMPOFAC - PARIS

IMPRIMÉ EN FRANCE PAR BRODARD ET TAUPIN
Usine de La Flèche, 72200.
Dépôt légal Imp : 5404A-5 – Edit : 1367
32-10-0481-14-5 – ISBN : 2-01-015142-2.
Loi n° 49-956 du 16 juillet 1949 sur les publications destinées à la jeunesse.
Dépôt : janvier 1993.

P
--
28